风展红旗

——国旗教育馆建设纪实

中共瑞安市委宣传部★编
王丛伟★主编

上海交通大學出版社
SHANGHAI JIAO TONG UNIVERSITY PRESS

内容提要

中华人民共和国的国旗为五星红旗，它是中华人民共和国的象征和标志。2019年9月28日，在五星红旗设计者曾联松先生的故乡浙江瑞安，一座气势雄伟的建筑——国旗教育馆横空出世，惊艳亮相。四面巨幅五星红旗在温煦阳光下迎风招展，由曾联松手迹拼接而成的“国旗教育馆”五个金色大字熠熠闪光。风展红旗，壮丽如画。

它的建成开馆，成就三个“全国第一”：全国第一个综合性国旗教育基地、全国第一个数字化国旗互动空间、全国第一个创新型国旗文化地标。

让我们回拨时光，回望来路，追寻国旗教育馆建设足迹。

图书在版编目（CIP）数据

风展红旗：国旗教育馆建设纪实 / 中共瑞安市委宣传部编；王丛伟主编. -- 上海：上海交通大学出版社，2024.11 -- ISBN 978-7-313-31817-6

Ⅰ. G269.261-64

中国国家版本馆 CIP 数据核字第 20242Q8E10 号

风展红旗——国旗教育馆建设纪实

FENG ZHAN HONGQI——GUOQI JIAOYUGUAN JIANSHE JISHI

编　　者：中共瑞安市委宣传部　　主　　编：王丛伟
出版发行：上海交通大学出版社　　地　　址：上海市番禺路951号
邮政编码：200030　　电　　话：021-64071208
印　　制：成都市兴雅致印务有限责任公司　　经　　销：全国新华书店
开　　本：710mm × 1000mm　1/16　　印　　张：16.5
字　　数：219千字
版　　次：2025年2月第1版　　印　　次：2025年2月第1次印刷
书　　号：ISBN 978-7-313-31817-6
定　　价：78.00元

序言

向国旗致敬

1949年秋天，沉睡已久的黑夜终于苏醒，飒爽的秋风中氤氲着美妙的气息。

这是一个绚丽红火的季节、阳光明媚的季节、激情四溢的季节、孕育希望的季节，每天都有各种各样芬芳的消息蓬勃生长出来，像挂在树枝上沉甸甸、日益成熟的果实，给予人们伸手可及的收获和无限美好的憧憬。

1949年9月21日，令世界瞩目的中国人民政治协商会议第一届全体会议在北平隆重开幕。

9月27日，在周恩来主持下，政协一届全体会议讨论通过了中华人民共和国国都、纪年、国歌、国旗的四个议案，其中指出："中华人民共和国的国旗为红地五星旗，象征中国革命人民大团结。"

次日，《人民日报》在报眼位置刊登了这次大会决定的重要内容。

【新华社北京二十七日电】中国人民政治协商会议第一届全体会议今日继续举行，通过下列重要议案：（一）全体一致通过中国人民政治协商会议组织法；（二）全体一致通过中华人民共和国中央人民政府组织法；（三）全体一致通过中华人民共和国的国都定于北平，自即日起改名北平为北京；（四）全体一致通过中华人民共和国的纪年采用公元，今年为一九四九年；（五）通过在中华人民共和国的国歌未正式制定前，以义勇军进行曲为国歌；（六）通过中华人民共和国的国旗为五星红旗，象征中国革命人民大团结。

……

1949年9月28日，“五星红旗”这个名称随着这篇新闻报道第一次出现在公众的视野——红底绸面左上角五颗黄色五角星，带给人们无限的想象空间，带给人们巨大的振奋和鼓舞，全国上下都怀着崇敬喜悦的心情，热切地讨论着五星红旗。

在政协会议通过五星红旗图案为中华人民共和国国旗决议的当天，著名诗人艾青满怀激情，以朴素流畅的诗句，准确而形象地揭示了五星红旗特有的象征意义，表达了自己珍爱五星红旗、捍卫五星红旗、跟随五星红旗前进的决心。

这首诗，也是世界上第一首献给五星红旗的赞美诗。

国旗

美丽的旗，庄严的旗，革命的旗，团结的旗。

四颗金星，朝向一颗大星，万众一心，朝向人民革命。

我们爱五星红旗，像爱自己的心，没有了心，就没有了生命。

我们守卫它，它是我们的尊严，我们跟随它，它引我们前进。

革命的旗，团结的旗，旗到哪里，哪里就胜利。

70多年前，那个秋高气爽、世人瞩目的下午，万丈光芒照耀天安门广场，天空晴朗明净，毛泽东主席按下电钮，长4.6米、高3.38米的五星红旗在雄壮的《义勇军进行曲》歌曲中冉冉升起。

从此，红染大地，星耀寰宇。

70多年后，一个天高云淡、秋阳杲杲的清晨，温暖柔润的光芒御风而至，光耀东南小城西山之巅。2019年9月28日，在五星红旗设计者曾联松先生的故乡浙江瑞安，一座气势雄伟的建筑——国旗教育馆横空出世，惊艳亮相。四面巨幅五星红旗在温煦阳光下迎风招展，由曾联松手迹拼接而成的“国旗教育馆”五个金色大字熠熠闪光。风展红旗，壮丽如画。

国旗教育馆共4层，总建筑面积2600多平方米，布展面积约2000平方米，包括序厅、国旗诞生厅、国旗知识厅、国旗荣耀厅、瑞安发展厅和尾厅、附属厅等，详细介绍了国旗的诞生历程、国旗的制作、国旗的含义、国旗的标准规范、国旗与天安门广场、国旗法等内容，让观众在热爱国旗、致敬国旗的同时深入了解国旗有关知识。

它的建成开馆，成就三个“全国第一”：全国第一个综合性国旗教育基地、全国第一个数字化国旗互动空间、全国第一个创新型国旗文化地标。

它的建成开馆，引发轰动效应，引发全国性的关注。

当地及周边县（市、区）群众成群结队前来参观。开馆日及国庆期间，共接待参观者七八万人次。

鲜艳的五星红旗伴随着雄壮的国歌，在国旗教育馆一楼序厅15米长、8.5米宽的巨幅屏幕上，一次次冉冉升起，澎湃了人们的爱国之心。

国旗教育馆迅速成为红色地标和网红打卡地，人们在惊叹点赞的同时，也讶异于她的突然惊艳亮相。

所有光鲜亮丽的背后，都有无人知晓的努力和坚持，都有许多人的负重前行——这段话用在国旗教育馆展馆建设，也是恰如其分。

让我们回拨时光，回望来路，追寻国旗教育馆建设足迹。

那是旗迹，也是奇迹。

目录

第一章 相逢是缘分

第二章 一直在路上

第三章 一心在工地

第四章
展品会说话

第五章
开馆进行时

第六章
未来皆可期

附录一
国旗诞生

附录二
报道精选

附录三 画说旗迹

第一章

相逢是缘分

一位乡贤

和璧混沌璞未开，幸有玉人雕琢才。
推敲图案三千幅，五星红旗入选来。

这是中华人民共和国国旗设计者曾联松所作的《入选吟》。

曾联松是浙江温州瑞安人。

瑞安，天瑞地安。地处浙江东南沿海，是浙江省重要的现代工贸城市、历史文化名城和温州大都市区南翼中心城市，瑞安更是一座具有1700多年历史的千年古县，素有“理学名邦”“东南小邹鲁”及“南戏故里”等诸多美称。之所以称之为“南戏故里”，是因为南戏的巅峰之作《琵琶记》的作者、元末戏剧家高则诚就是瑞安人。

在瑞安老城区，有一条著名的小巷，叫申明亭巷，据说就是因高则诚为民申明案情而得名。1917年12月17日，曾联松出生于申明亭巷26号的曾宅。

曾联松少年青年时代就读于瑞安县小（现瑞安市实验小学）、瑞安中学。1936年考入中央大学经济系，后参加抗日救亡联合会。1944年回母校瑞安中学执教，1947年夏来到上海，在由党组织领导的“现代经济通讯社”从事秘书工作，积极开展地下活动。

1949年5月27日，上海解放。7月下旬，尚沉浸在胜利喜悦之中的曾

▲年轻时期的曾联松

联松看到《解放日报》上刊登新政协筹备会登报公开征集国旗国徽等图案的消息，不禁怦然心动，全身心投入到国旗设计中。

7月的上海，正值酷暑季节。曾联松为设计国旗图案夜以继日，挥汗如雨，伏案描摹，如痴如醉。年轻时的曾联松，长相清秀，戴着一副无框眼镜，目光温暖平和，是位谦谦君子。但就是这样一位看似文弱的“书生”，一旦执着于他认定的事情，并不强悍的身体里却迸发出坚定的力量。

曾联松后来回忆道：“建立新中国，一直是萦绕在我心头的愿望，一经看到她如旭日东升般展现在面前时，我能不为之兴奋吗？因此，当我从7月份的报纸上读到全国政协筹备会关于征求国旗图案的通知之后，即埋头于设计之中。”他又说：“我之所以不量力度德，亦不计工拙，实在是一种欢呼新中国诞生的喜悦，一种热切爱国的激情使然。”

一个月光皎洁的夜晚，曾联松仰望群星闪烁的夜空，陷入了沉思。正在这时，外面街道上一支宣传队经过，学生宣传员高唱歌曲《东方红》：东方红太阳升，中国出了个毛泽东，他为人民谋幸福，呼儿嗨哟，他是人民大救星……共产党像太阳，照到哪里哪里亮……

突然，他头脑里一道灵光闪过，照亮了他混沌的思绪：人们常说“盼星星，盼月亮”，中国共产党不就是中国人民盼来的大救星吗？！

大救星！星星！

一个天才的设计，在经过无数次的思考纠结和困扰之后，终于如约而至。

触发了灵感的曾联松决定以五角星象征伟大的中国共产党。他设想：以一颗大星导引于前，几颗小星环绕于后，象征众星拱北斗，大五角星象征伟大的中国共产党，小星象征广大人民。人民紧紧地环绕在党的周围，团结战斗，从胜利走向胜利。他还把五角星设计为黄色，这不仅与象征革命的红色相协调，像红霞一片，金光灿灿，色彩简洁而庄严，且表达了中华儿女黄色人种的民族特征。

1949年8月中旬，曾联松怀着忐忑不安而又隐隐期待的心情，将精心设计的“五星布成椭圆形，大星导引于前，小星环绕于后，恰似众星拱北斗的红地五星旗”图案，寄给了全国政协筹备会。

1949年8月22日，国旗国徽初选委员会召开第一次会议，从应征的2992幅国旗图案中，初步选定了国旗图案16幅。

1949年9月17日，新政协筹备会第六小组从国旗应征稿件中精选出包括曾联松设计的“红地五星旗”在内的38幅国旗草图，分别以“复字第1号”至“复字第38号”顺序编号，编成《国旗图案参考资料》，供政协第一次全体会议讨论。其中，曾联松设计的应征国旗图案为“复字第32号”。

1949年9月25日，毛泽东同志主持召开国旗国徽国歌国都及纪年协商座谈会。曾联松先生设计的图案得到毛主席的肯定。

曾联松设计图案后经局部修改，于9月27日中国人民政治协商会议第一届全体会议上获与会代表一致通过，成为中华人民共和国国旗。

1949年10月1日，北京天安门广场举行隆重开国大典，毛泽东主席在天安门城楼上，亲手揿动电钮，升起了新中国第一面五星红旗，全场30万军民一片欢腾。

从此，五星红旗成为中华人民共和国的象征和标志；从此，曾联松，这个普通低调的名字，和共和国国旗五星红旗紧紧地连在一起，成为瑞安人永久的骄傲。

一个灵感

也是秋天。2018年11月初，云南昆明西山森林公园的秋天，树木茂密，花草繁盛，清幽秀美，红枫似火，颇有“满城尽带黄金甲”的神韵。

公园内，景点众多，在鸟语花香、层林叠翠的山谷之中，坐落着国歌作曲者聂耳墓及聂耳纪念馆。不是节假日，游客不多，因此一群风尘仆仆的人群格外引人注目——瑞安市委常委、宣传部部长叶艳率常务副部长谢骁、副部长金晓昆、网信办副主任吴小国及《温州都市报》挂职干部王蓓等人，结束了附近西山美术馆文化产业考察之后，特地前去参观附近的聂耳纪念馆，拜谒聂耳墓，悼念人民音乐家聂耳。

聂耳纪念馆坐西向东，背依青山，前临滇池，由聂耳墓、聂耳生平展厅和音像放映室组成。1988年1月13日聂耳墓被国务院公布为第三批全国重点文物保护单位，2009年被中宣部公布为第四批全国爱国主义教育示范基地。

聂耳，对于中国人来说是个家喻户晓的人物。每当耳边响起雄壮的国歌声，眼前就会浮现起一张永远定格的年轻的脸庞。对于来自千里之外的瑞安这批参观者来说，在接受了一次极好的革命传统教育之外，还另有一番强烈的触动和感想：国歌作曲者是聂耳，国旗设计者是曾联松——曾联松是瑞安人，但这一载入中华人民共和国史册的文化名人，知道的人并不多！

在瑞安，虽然曾联松早年求学和任教过的瑞安中学有一座“国旗园”，园中建有以曾联松设计国旗时期的照片为蓝本、背景为五星红旗造型、手握铅笔、凝神而思的石雕半身像；在瑞安外滩滨江大道，也有一个“曾联松广场”，并建设了一座小型花岗岩基座的曾联松铜像，但叶艳一行人深知，这些还远远不够，与“国旗设计者”故乡的身份和定位远远不符！作为国旗设计者的家乡，应该好好思考，要以怎样的形式表达瑞安百万人民对五星红旗的热爱！对祖国的热爱！对曾联松先生的敬仰！

一个念头在这个秋天猝然间迸发：瑞安应该拥有类似国歌纪念馆的国旗教育馆或者国旗展示馆啊！

回程的路上，这个想法犹如昆明西山森林公园里的蝴蝶在花丛中翩翩起舞，伴着金秋黄叶，在这群人的脑海里飘飘扬扬，幻化成一幅幅金色透明的画卷，诱惑与兴奋着他们的神经中枢。关于它的话题成了一个“中心议题”：再过一个多月就进入2019年，中华人民共和国即将迎来壮阔雄奇的70周年华诞，在这个大庆之年，瑞安如果能建设一个与国旗相关的主题馆，该是多么有意义的一件事情啊！

回到瑞安后，叶艳了解到目前全国还没有以国旗为主题的教育馆，她迫不及待将“瑞安要建一座国旗教育馆”的设想向瑞安市委、市政府主要领导做了汇报，毫无悬念地得到了支持，此后又相继得到温州市人大常委会主任葛益平和温州市委常委、宣传部部长胡剑谨的赞赏与支持。

12月17日，瑞安市成立国旗教育馆建设领导小组，市委书记陈胜峰任组长，市长麻胜聪任第一副组长，下设办公室（设在市委宣传部），市委常委、宣传部部长叶艳任办公室主任。国旗教育馆由瑞安市委宣传部和瑞安市名城建设中心联合建设。

后来，陈胜峰在接受记者采访时说：“2019年是新中国成立70周年，在不铺张浪费的前提下，怎么把庆祝活动搞得既有意义，又有地方特色，是我们一直思考的问题。五星红旗和瑞安有很深的渊源，五星红旗的设计者曾联松先生是地地道道的瑞安人，我们瑞安也建有曾联松广场。之前大家也有想法，比如建曾联松纪念馆或是五星红旗纪念馆，但还没有付诸实践。建设国旗教育馆，恰逢其时。”

陈胜峰说，“不忘初心、牢记使命”主题教育正在全党开展，教育广大党员干部要记得来时的路。“五星红旗是用革命先烈的鲜血染红的，提醒我们不忘初心，号召我们克服困难，敢于担当，是爱国主义教育很好的载体。我们希望通过国旗教育馆，挖掘红旗背后的革命精神、奋斗精神、拼搏精神，将瑞安打造成为洋溢着浓郁爱国主义情怀的奋进之城。通过开展国旗教育，普及国旗知识，号召所有人在新时代发挥红旗精神，不忘来时的路，让五星红旗永不褪色，高高飘扬。按照这样的思路，我们瑞安精心规划布局国旗教育馆。”

一座西山

“瑞安要建国旗教育馆了！”

这个消息像风一样不胫而走，穿街走巷，吹动心襟。人们欢欣鼓舞，许多机关干部和老同志竖起的大拇指俨然一面挺拔的旗帜：国旗设计者曾联松是瑞安的骄傲，瑞安理所当然要有一座国旗主题展馆！

国旗教育馆的选址何处？国旗和曾联松的相关信息和线索，被纷纷寻找和挖掘出来，街道、社区通过各种渠道争相申请，力争展馆落户本辖区。市领导组织人员进行调研论证。市委常委、宣传部部长叶艳率市名城建设中心主任叶秀敏等人先期实地走访考察了多个地段。

12月19日，冬雨绵绵，斜风似丝。陈胜峰在叶艳陪同下，率市委宣传部、市国土资源局、市住建局、市文广新局、市名城建设中心、市社科联、玉海街道、市城乡建设规划设计院等主要负责人，走进原先“圈定”的3个候选点：忠义街林庆云宅、县前社区办公楼、西山华侨电影院，边走边看，实地察看周边环境、交通区位。

这些候选点要故事有故事，要历史有历史，也可以支撑起一个国旗主题的展馆。但是一众人等对3个候选点总感觉有点缺憾，没有那种“就是她”的心动，欠缺了一份“众里寻他千百度，蓦然回首，那人却在灯火阑珊处”的惊奇与喜悦。

叶艳见状，心里一动，她说：“陈书记，既然到了这里，我们是不是到山上广播站旧址看看？”

在西山最高处，有一个老瑞安人熟悉的圆形天坛式建筑——瑞安广播站。该站建于20世纪60年代末，10余年前废弃。从华侨电影院通向瑞安广播站旧址的台阶破损沉陷，难以通行，一行人冒雨踩着湿滑的斜坡，从登高巷上去，小心翼翼地穿越泥泞陡峭的小山坡，登上广播站旧址前肮脏凌乱的小广场。

广播站旧址圆形建筑陈旧失修，现场荒凉破败，荒草丛生，没有落脚之地，但是站在此处眺望远方，视线豁然开朗，瑞城概貌错落有致，尽收眼底。飞云江江水滔滔，烟雨茫茫，顿感天地与心胸之辽阔。

▲瑞安广播站旧址

在此后召开的座谈会上，根据相关选址的情况介绍，各部门单位负责人互相交流探讨备选地块优缺点，均倾向于广播站旧址。

▲国旗教育馆筹建工作会议

此后，市长麻胜聪和市委常委施巨耀等市领导相继到西山广播站旧址现场调研，都认为国旗教育馆建在这里比较合适。

▲市长麻胜聪在西山广播站旧址

经过有关领导及相关部门的多次实地调研查勘及全方位多维度的比较，市委、市政府最终决定将国旗教育馆选址定在瑞安市区西山原瑞安广播站旧址，赋予它新的历史和现实意义，物尽其用，一举多得。

位于老城区的西山公园，又名紫霞山、鳌山，具有深厚的历史文化积淀。相传，唐朝著名道士马湘云游到了瑞安城，对这里山环水拥龙虎镇大江的地理很感兴趣。他鹤立山巅，遥望隆山挥带飞云江入海，海云涌涛，水天一色，不觉逸兴壮思飞，就择定西山筑修炼精舍，供奉玉皇，称“玉皇宫”，在附近岩石突起的地方，修建炼丹台，一日山中闲游，兴之所至，赋诗一首：“何用烧丹学驻颜，闹非城市静非山。时人若觅长生药，对景无心是大还。”

后来，马湘终修得奇术，每逢有人过来求医，若患者家境贫寒，他免费医治，不取分文；若患者家境殷富，则将医药费转济给贫户。有一年恰遇酷暑干旱，马湘于一深夜，同时托梦给附近二十八户富饶人家，要他们每户在西山周围各凿水井一口，违者府第必遭大火。那些富饶人家没有不敢听从的，不到百日，涓涓清泉应运而生，现在西山下尚存三口“八卦井”。

西山上有一座四贤祠，清同治五年重建，祠内高挂北宋许景衡、南宋陈傅良、元高明、明卓敬画像。四位瑞安名士，许景衡为官清正，与佞臣权奸的斗争始终不挠；陈傅良是南宋永嘉学派中坚人物；高明即高则诚，他创作的《琵琶记》被视为传世典范，被誉为“南曲之祖”；卓敬少时聪颖绝伦，过目不忘，博学多才，诗词宏丽，“为文精奇警拔，磊磊落落，类其为人。”

此外，西山上尚有文昌阁、观潮阁、庄济庙、革命英雄纪念碑、晚年宫等景点。

国旗教育馆建设地址所在地西山主峰海拔高46米，居高临下、临江面城，可以鸟瞰飞云江和老城全貌，观景绝佳。而在城区的人们，动车经过飞云江的游客，高速路上的司机乘客，抬眼眺望西山，惊鸿一瞥，国旗教育馆之雄姿红彤彤地映入眼帘。

还有一件有趣的事，聂耳墓及聂耳纪念馆（国歌纪念馆）也坐落于

"西山"。昆明的西山，是一个拥有华亭寺、太华寺、三清阁等古刹殿宇楼阁、具有深厚历史文化的所在。虽然彼"西山"非此"西山"，且相隔两千多公里，但捐有同一名字的两座"西山"上，国歌纪念馆与国旗教育馆遥相呼应，冥冥之中牵引着一份特殊的缘分，一个奇妙的巧合。

一个方案

时光悠悠荡荡，从并不宽的指缝间溜走，很快地进入了2019年。

这注定是一个不平凡的特殊年份，中华人民共和国成立70周年，决胜全面建成小康社会第一个百年奋斗目标的关键之年。伴随着共和国诞生的五星红旗，作为中华人民共和国的象征和标志，见证了70年的风云际会，见证了中国从一个积贫积弱的国家，一跃成为当今世界第二大经济体，实现令世人瞩目的历史性跨越。

在这个特殊的年份建设国旗教育馆，恰逢其时！

2019年1月2日，元旦假期后的第一个工作日，国旗教育馆筹建工作拉开了序幕。市委常委、宣传部部长，国旗教育馆建设领导小组办公室主任叶艳主持召开第一次国旗教育馆建设讨论会，市委宣传部、市财政局、市发改局、市住建局、市名城建设中心、市社科联、玉海街道、市城乡规划设计院等单位相关负责人参加会议。会议围绕国旗教育馆建设的基本情况和基础准备工作进行了深入广泛的讨论，取得了共识。

两天后，叶艳主持召开第二次国旗教育馆建设讨论会，上海同济城市规划设计研究院姚子刚博士受邀参与研讨，并接下了国旗教育馆概念设计方案的设计任务。

2月2日，农历戊戌年十二月二十八，又称腊月廿八，是中国春节传统习俗之一。

在一些单位和部门，虽然还是工作日，领导和员工们貌似还处于“做事”的状态，但基本都是召开一些应景式的总结会议，按照惯例开展各类年终慰问活动，属于扫尾工作。而这天召开的两个关于国旗教育馆筹建的工作会议，却不应景，倒像北方传统春节习俗——腊月廿八贴上对联，烘托节日氛围，表达了迎祥纳福的美好愿望。会议传递出强烈的仪式感，就此国旗教育馆筹建工作有序推进。

会议分别由麻胜聪和叶艳主持。

麻胜聪在国旗教育馆建设讨论会上指出，瑞安作为国旗设计者曾联松的故乡，在中华人民共和国成立70周年建设国旗教育馆，具有重大而深远的意义，国旗教育馆建设时间紧、任务重、必须突出高标准设计，抓紧完善确定方案，合理安排时间，争取尽早动工兴建。

▲国旗教育馆建设讨论会会场

▲国旗教育馆概念设计方案研讨会会场

国旗教育馆概念设计方案研讨会则邀请来自上海、温州等地及瑞安市委宣传部、名城中心、博物馆等部门的10多名专家学者参加。上海同济城市规划设计研究院姚子刚博士拿出了3个国旗教育馆概念设计方案，供与会人员讨论审核。

虽然每个人头脑中对国旗教育馆有着各种各样的概念和想象，但总归缥缈。此刻3个方案出现在会议室的屏幕上，好像把梦境给描画了出来，3个设计方案里国旗教育馆的呈现出不同构造。大家面对可视化的展示，兴奋着，激动着。

姚子刚博士介绍了设计理念和愿景定位。3个概念设计方案外观造型虽各不相同，但功能定位清晰明确，那就是将国旗教育馆打造成立足瑞安、示范全国的爱国主义教育展示中心、红色文化创意中心、党建宣传工作学习交流中心和科普研学体验中心；将国旗教育馆与国内著名红色地标天安门广场、井冈山革命纪念地、韶山毛泽东纪念馆、南湖革命纪念馆、延安革命纪念地、昆明市西山国歌馆（聂耳纪念馆）等连点成线，构成红色文化旅游体系，并在将来纳入国家级爱国主义教育基地。

针对设计方提供的3个方案，与会者认真分析优劣，各抒己见。其间不少人因为观点看法截然不同，展开热烈的讨论。最后多数人认同第3个方案。该方案的最突出特点是展馆外围东南西北4个立面为4面巨幅的五星红旗，从外形上看具有先声夺人的恢宏气势。

会议最后确定以该方案为基础，整合吸收其他两个方案细节上的优点，在最短时间内再整合出一个优化设计方案。

▲概念设计方案之展馆外观造型之一

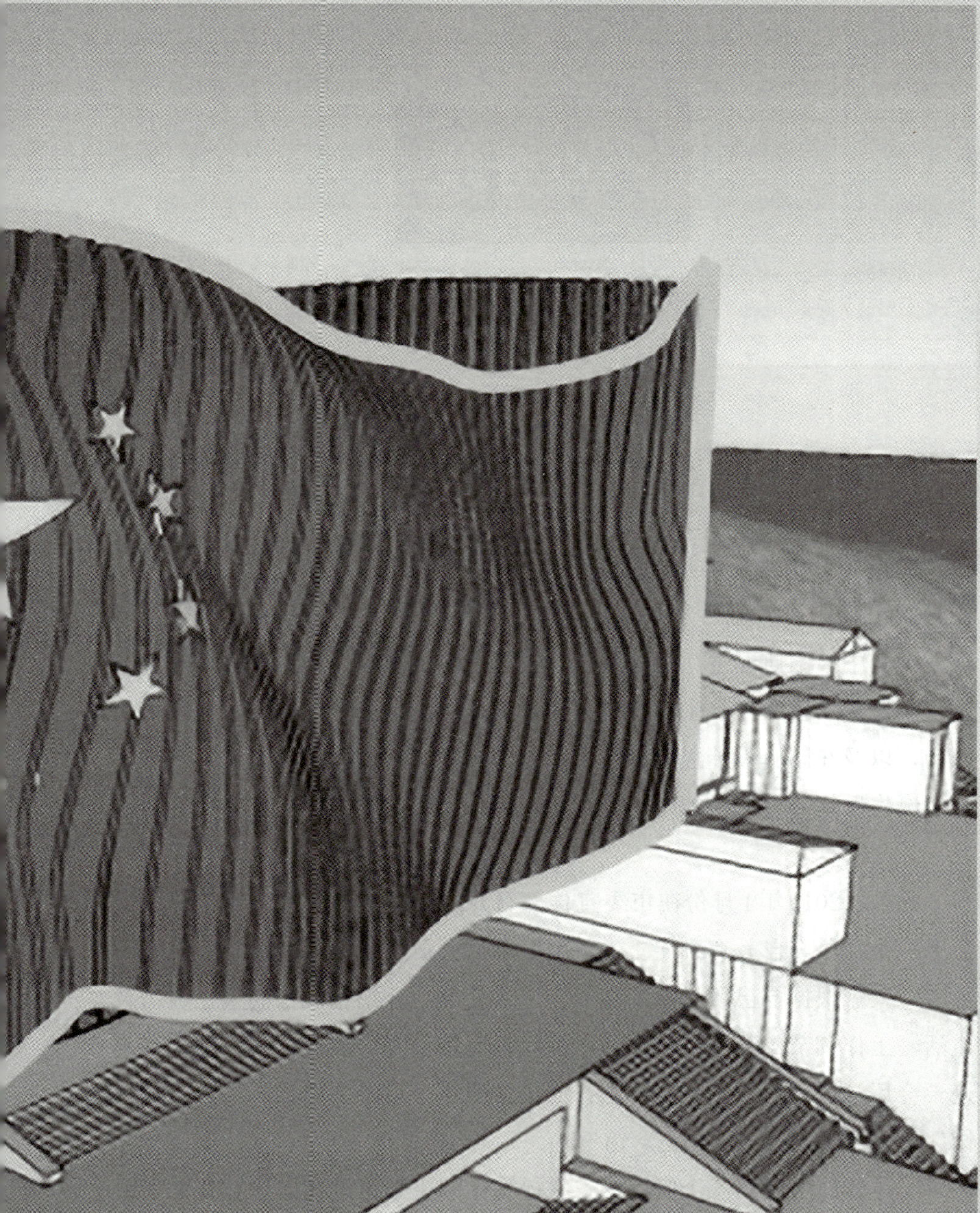

一点分歧

如果说“一千个读者眼中会有一千个哈姆雷特”，那么对于国旗教育馆的“模样”，每个人心中也不尽相同。

在设计方优化后的展厅内容设计方案第一稿里，除了序厅和尾厅，还设置了“国旗诞生厅”“国旗纪念厅”“革命历史厅”和“瑞安发展厅”。其中“国旗诞生厅”，展示的主要内容为国旗设计者曾联松先生的生平事迹，从曾联松先生孩提时期喜欢美术讲起，全方位介绍了他的人生经历，以及在国旗设计之初的苦恼和创作灵感来临时的惊喜，这样一来，整个诞生厅均为曾联松的生平介绍，篇幅占了国旗教育馆展陈内容的四分之一。

此前，2019年1月份在市委宣传部召开的第一次国旗教育馆建设座谈会上，十几位来自教育、文史、新闻等单位人员围绕国旗教育馆建设畅所欲言，大家根据自己所掌握的史料，深入仔细地介绍曾联松的人生经历及生活、工作细节，热烈讨论如何在国旗教育馆里充分展现曾联松的生平事迹。会后，也有人提出不同想法：如果按照这个思路去建设，“国旗教育馆”会不会成为“曾联松纪念馆”？

于是就产生了第一个问题：曾联松先生的生平事迹在国旗教育馆里所占篇幅的比例多少为宜？

此时的设计方案里，除了曾联松生平占国旗教育馆展陈部分的四分之一外，“革命历史厅”和“瑞安发展厅”两部分展示的内容，分别是五四运动以来的瑞安革命历史、瑞安英烈及瑞安党建、瑞安党员大数据；瑞安解放以来的社会经济发展情况。

按照这样的设计方案，包括曾联松生平在内，涉及瑞安方面的内容占据了国旗教育馆4个主题展厅内容的四分之三。

于是就产生了第二个问题：“瑞安”在国旗教育馆里所占篇幅的比例多少为宜？

五星红旗，是“革命烈士的生命与鲜血染成”，这个观念一直深植于每个中国人的思想中。今后通过国旗教育馆这个平台也能向全国各地参观者宣传国旗教育馆所在地瑞安的经济社会发展，对其自然是一个极佳的渠道，因此瑞安革命史和发展史在国旗教育馆里是“必须”的内容。不过，四个主题展厅占其三，是否过多了？

一些同志的观点是：瑞安既然建设国旗教育馆，就应该不遗余力地宣传瑞安、宣传曾联松。

另一些同志的观点是：国旗教育馆重点在“国旗”，而不在“瑞安”，应该走出瑞安，走出曾联松，面向国旗，面向全国甚至世界。

这时，参与前期策划和文案起草的王丛伟拿出了瑞安方面的初步方案。该方案设置的四个主要展厅为：“国旗诞生厅”“国旗知识厅”“国旗荣耀厅”和“瑞安发展厅”。

“国旗诞生厅”共有3部分内容，包括国内时局、新政治协商会议筹备会征求及确定国旗过程、曾联松先生简介及设计国旗过程，曾联松先生的相关内容约为该部分的三分之一。“国旗知识厅”和“国旗荣耀厅”集中展示与国旗相关的详尽知识及国人为国旗增光添彩、国旗为中华民族带来的荣耀。“瑞安发展厅”则融合了瑞安革命史及瑞安经济社会发展史。

一个分歧两种观点，两个方案，不存在谁对谁错，只是着眼点和着重点不同而已。经过市委宣传部领导的集体商议，最后拍板决定采用后一种方案。宣传部领导班子认为，应该以更高的站位、更宽的视野、更广的胸怀、更大的气魄，谋篇布局，跳出瑞安，跳出个人，以全国第一家、唯一一家国旗教育馆的定位，把它建成“中国的”、而不是“瑞安的”国旗教育馆。

此后，在经修改确认的国旗教育馆展陈深化大纲中，设置了“序厅”“国旗诞生厅”“国旗知识厅”“国旗荣耀厅”“瑞安发展厅”和“尾厅”；后又根据叶艳等同志意见，在瑞安发展厅版块增加了温州的相关内容、在负一楼附属厅重点增加了“文化瑞安”版块。近半年时间里，展陈大纲内容虽然经过了数十次的修改完善，但是大框架一直没有变化，延续到国旗教育馆的建设完成，最终呈现在世人面前。

一份策划

国旗教育馆设计方案及建设方案虽然一直在调整中，尚未最后确定，巨大的热情与激情已如深海波涛般在国旗教育馆筹建者心中汹涌澎湃，如何建设一座“全国一流、国内唯一”的国旗教育馆，成为他们日思夜想的深深牵挂。

思想的持续碰撞，锤炼出国旗教育馆的筹建路径及建成后的模样，时而朦胧时而清晰地呈现在眼前，即将揭开面纱，隐隐地鼓舞、激励着他们，也驱使着他们迫不及待地付诸行动。

一份带着理想色彩和想象成分的策划，为尚在“襁褓”中的国旗教育馆酝酿着一系列配套计划。

系列计划之一，组织一次考察之行。对于展馆建设，大家虽然略知一二，但无法具体深入，似是而非、懵懵懂懂的东西太多。基于该状况将安排一两次国家级革命历史展馆的考察学习之旅，了解建设一座现代化展馆需要有哪些硬件和软件构成、需要具备什么元素。“建筑风格、设计理念、功能设置和展陈思路，我们都得学习，做到心中有数！”叶艳说。

系列计划之二，拜访曾联松先生家属。曾联松先生次子、长媳和长孙现居住在上海，近期安排一次探视前往慰问，向他们传递家乡瑞安建设国旗教育馆的消息，争取他们的支持，并从他们那里获取曾联松先生和国旗设计有关的素材。

系列计划之三，落实两本书的撰写。一本关于国旗设计者曾联松先生的传记。前些年中国民族文化出版社就有意出版关于曾联松先生和国旗的文学传记，并联系瑞安作者夏海豹先生希望其撰写成文。当时各方面条件不成熟，有关曾联松的史料不多，夏海豹犹豫着没有动笔。2018年下半年，该出版社总编辑、编审刘树枫多次打电话、发微信给夏海豹，动员其付诸实施。夏海豹将该情况向叶艳做了汇报，叶艳鼓励他接下这件“有意义的事”，并把它纳入国旗教育馆建设工程配套系列计划之一。另一本是关于国旗教育馆建设历程的纪实文学。

系列计划之四，想方设法搜集与国旗和曾联松先生有关的馆藏品。馆藏作品是一个展馆软实力的体现，重要性不言而喻，作为国旗教育馆，必须拥有与之相匹配的重量级藏品。用具有历史意义的馆藏品来说话，胜过千言万语，可以更好地提升展馆的档次，更好地展现国旗文化的魅力。但是，瑞安作为一个县级市，如何取得“高档次”“重量级”“珍贵性”的馆藏品，需要广辟渠道，集众思聚众力。基于这一点，必须去首都北京，与中央档案馆、国家博物馆等国家级展馆取得联系，获得他们的支持。

系列计划之五，除了搜集史料类馆藏品之外，还需采取其他方式和渠道，丰富国旗教育馆展陈的内容。瑞安市文联面向全国，开展以“我和国旗”“我和我的祖国”为主题的诗词联曲作品征集活动，发挥广大文艺界人士的凝聚力和号召力，在全国范围内向名家征集文艺作品，永久收藏展陈于国旗教育馆。

系列计划之六，创作一部歌剧或话剧。邀请国内名家，创作与国旗和曾联松先生相关的歌剧或话剧，讲述中华人民共和国国旗的诞生过程，颂扬国旗设计者曾联松等有志青年勇于担当、矢志不渝的革命精神和爱国情怀。

这份策划从酝酿之时，即行落地之实，第一时间付诸行动。

叶艳指示宣传部常务副部长谢骁和夏海豹尽早去上海一趟，与曾联松家人取得联系，一方面启动曾联松传记的采写，另一方面向他们介绍瑞安筹建国旗教育馆的消息，争取得到他们最大的支持。

谢骁和夏海豹第一时间开启上海之行。因为没有曾联松家人的消息和线索，夏海豹事先联系了上海瑞安中学校友会会长鲁育宗。

瑞安中学是浙江省历史最悠久的学校之一，创办于1896年，前身为瑞安学计馆和方言馆。这里走出了伍献文、孙义燧、伍荣生、方国洪等院士学者，走出了国旗设计者曾联松、戏曲史家王季思、历史学家周予同、音乐理论家缪天瑞、书法家邹梦禅等名人大家。曾联松先生初中就读于瑞安中学，并于1944年至1947年在母校任教，执教历史课程。

上海瑞中校友会创办于20世纪80年代中期，长期以来积极促进上海校友与母校瑞中情感、信息的交流沟通，广泛团结校友共商母校发展大计，协调组织校友用各种方式回报母校。现任瑞中校友会会长鲁育宗为上海光华教育集团董事长，他听闻瑞安拟建国旗教育馆，非常高兴并予以热心支持，指定校友会秘书长吴超专门负责衔接此事，并安排了谢骁、夏海豹和曾联松长媳孙碧瑶、长孙曾滔在复旦大学光华楼的见面会。

随后，谢、夏两人还采访了曾联松先生的几位学生与同事，去山阴路曾联松故居拜访曾联松次子曾一明，向他汇报瑞安筹建国旗教育馆、献礼新中国成立70周年的情况。

这份配套的系列策划，在实施过程中得到不断丰富和提升，圆满落地。其中计划之六的“创作一部歌剧或话剧”，更是得到温州市委宣传部领导的认可，与温州市委宣传部及温州大学合作，邀请国家一级作曲家朱嘉禾教授作曲，青年编剧李长鸿担任编剧，中央歌剧院国家一级导演、双“文华奖”获得者王湖泉教授担任导演，著名青年指挥家、钢琴家王燕担任指挥，首次创排完成温州近六十年来的第一部本土歌剧《五星红旗》，成为温州歌剧史上的里程碑。

一次考察

2019年2月14日，农历己亥年正月初十，年味还在萦绕，春节的欢悦心情还在家人团圆、朋友聚餐、学生假期中放飞，瑞安市委常委、宣传部部长叶艳率领由常务副部长谢骁、副部长邵定美、名城建设中心主任叶秀敏以及夏海豹、王丛伟、郭金雷、谢安等人组成的考察组，启程赴上海、武汉等地，寻访曾联松先生足迹，拜访曾联松家人，踏上展馆布展考察学习之路。

早春的上海，春寒料峭，乌蒙的天、淅沥的雨、凛冽的风，更增添了几分寒意。

凄风冷雨中的上海市长安墓园，幽静无人，庄严肃穆。长安墓园地处上海市嘉定区境内，墓区内古树林立，苍松翠柏，花团锦簇，风景秀美古雅。考察组一行人沿着长安墓园正门向西行走100多米，映入眼帘的是青少年教育基地。该基地占地600余平方米，安葬着长眠于此的嘉定名人。曾联松自1947年夏天应朋友之邀来沪工作，便长期生活在上海，1999年10月19日在上海病逝，骨灰暂时放在上海市龙华烈士陵园；2004年9月23日，上海市政协举行隆重的曾联松骨灰入园暨铜像揭幕仪式，曾联松的骨灰正式入葬长安墓园。

曾联松的墓地位于墓园的中心位置，墓前矗立着青年曾联松的半身铜像。铜像造型为青年曾联松右手握笔，双眼凝视前方，似乎正在眺望中华大地上飘扬的五星红旗。墓碑上雕刻着他的手迹："一得之愚献祖国，五星红旗壮山河"，铜像后面两米高的大理石幕墙上用瓷砖镶嵌成一面五星红旗。

曾联松的"邻居"是叱咤风云的抗日名将戴安澜，墓碑周围是万里长城的雕刻品，墓前一身戎装的他，尽显舍身赴国难、身死为国家的大无畏气概。不远处，是大家熟悉的"小萝卜头"——宋振中，墓前，一米多高的雕像还原了身材瘦小、大脑袋，跟小学课本上的描述几无差别的形象特征，墓边的一株石榴树枝繁叶茂。

来自家乡的考察组成员肃立在墓前，献上一束鲜花，鞠躬默哀，深切缅怀这位可敬可亲的瑞安乡贤。

这时雨下得更密，雨滴宛如断断续续的珠子，编织成交错的大网，天地均在网中，牵系着绵绵不绝的哀思。

▲考察组在长安墓园瞻仰拜谒曾联松先生

瞻仰拜谒曾联松先生后，考察组一行与墓园负责人开会座谈，并就今后曾联松先生事迹宣传等事宜互通信息、开展合作等进行了深入探讨。

次日，雨歇云收，天气放晴，空气格外清新。考察组一行穿过上海虹口喧嚣热闹的大街，转入一条古韵沧桑的小巷——山阴路。

山阴路是条文化气息浓郁的街区，从这里走出过大名鼎鼎的文豪鲁迅、茅盾等，也走出过内山完造、赵家壁、谢旦如等文化名人。

在山阴路145弄弄口的一面墙壁上，悬挂着一块毫不起眼的大理石，上面以中英文标记着简简单单的几行字：

曾联松旧居　山阴路145弄6号

Former Residence of ZengLianSong

House No.6，145 Shanyin Road

曾联松（1917—1999）中华人民共和国国旗设计者

ZengLianSong（1917—1999）is the designer of the P.R.C.National Flag.

山阴路145弄6号还是70多年前的模样，只不过时间给这座上海老式阁楼留下了斑驳的痕迹。

踩着楼梯上去，脚下发出“咯吱咯吱”的声响。

曾联松一生俭朴清贫，他曾在此生活半个世纪。当年，他就是在这里构思设计了天才之作——五星红旗，也是从这里把五星红旗设计图案初稿寄往北京应征。

20年前，剧作家、电影《共和国之旗》编剧王兴东曾拜访过这里，当时为此诧异震惊。今天，这里还是他原来描述的那样：“家里连个像样的沙发都没有，只有两张坐久的藤椅。除了门上挂的那面五星红旗，家里没有一件值钱的家什……”

现在，曾联松先生次子曾一明居住在阁楼。

叶艳代表瑞安市委、市政府向曾一明表示亲切慰问，并送上慰问品。在社区办公室，叶艳向曾一明及社区干部介绍了瑞安着手建设国旗教育馆的有关情况。沉默寡言的曾一明听到这个消息颇为兴奋。当叶艳拿出平板电脑播放国旗教育馆的概念设计视频时，70多岁的曾一明更是连声称好，脸上露出孩子般的开心笑容。

当天晚上，考察组一行还拜访、慰问了曾联松的长媳孙碧瑶和长孙曾涛先生。瑞安将要建设国旗教育馆的消息让母子俩异常兴奋，表示“瑞安有需要的话，一定力所能及地予以配合支持”。

次日，考察组一行前往中共四大纪念馆。

进入上海市虹口区四川北路绿地公园，远远望见四大纪念馆鲜艳的红砖外立面。中共四大纪念馆建筑面积为3180平方米，展览面积约1500平方米，由序厅、主展厅、影视厅和副展厅等组成。

纪念馆序厅内的“中共四大”主题雕塑“工农联盟”、浮雕“风起云涌”映入眼帘，气势磅礴，庄严肃穆。馆内分为三个展厅，分别是“时局与形势”“筹备与召开”“发展与高潮”，通过文字和图片相结合，摄影、绘画、浮雕等展示形式，使得中国共产党创建的峥嵘历程栩栩如生地

▲前排座位中为曾联松先生次子曾一明先生

重现在参观者面前，深刻展现了中国共产党为实现民族独立披荆斩棘、迎难而上的精神。

令人惊喜的是，在一面墙上看到了几张熟悉的照片。在展陈的一个版块里，有一爿曾联松先生的专栏。专栏里有曾联松先生与国旗的几张合影，包括1949年9月30日政协会议上第一次展示五星红旗样旗的会场照片，还有曾联松先生手写的诗句。在展柜里，摆放着当年从2992幅应征国旗样稿里甄选出来供政协第一次会议讨论的38幅国旗设计草图。

大家站立在曾联松先生照片前，展开热烈讨论：“这个构思很好，国旗教育馆可以借鉴”“这张照片不错，国旗教育馆里也可以用。”

更有人直接问展馆负责人：这张照片从哪里复制过来？双方加了微信，约定“今后多联系”。

这是一次紧张快节奏的考察学习、汲取知识之旅，往往是中午在赶往一个考察点的路上，晚上已经坐在赶往另一个城市的车里。从瑞安出来考察的日子是农历正月初十，返程定在农历正月十五元宵节下午。

那天上午是在湖北省武汉考察。大家回想这几天一路上风尘仆仆，行路劳累，打算中午要稍微轻松地吃一顿饭，庆祝这次考察的圆满成功，庆祝元宵节。

上午的行程是参观考察辛亥革命武昌起义纪念馆。纪念馆位于武汉市武昌蛇山南麓的阅马场北端，纪念馆主体建筑为二层红色楼房，因此又称“红楼”。1911年10月10日，武昌起义成功后，革命党人进驻这里，成立了中华民国军政府鄂军都督府，发布了第一号布告，宣布废除清廷封建君主专制，建立中华民国，结束了中国2000多年的封建君主专制制度。这里珍藏着大量文物和文字、图片资料。

从纪念馆出来，已经中午11时许，一伙人到停车场坐车准备去吃饭，远远看见远方露出一个棕红色、极具中国特色的“双坡屋顶”和飞檐翘角屋顶的建筑。大家正议论着这个建筑有特色，却见叶艳绕过广场一角，一闪不见了。大家好半晌才回过神来，远远地跟随着她的步伐。

疾走了五六分钟时间，靠近该建筑，看到几个大字：辛亥革命博物馆。

辛亥革命博物馆是武汉市为纪念辛亥革命武昌首义100周年兴建的专题博物馆。一踏进博物馆，大家就被深深地震撼到了，浮雕、壁画、微缩景观、人物雕塑、图片、多媒体……一部厚重的辛亥革命百年史在这里拉开了崭新帷幕。

在序厅和五个主题展厅参观时，一行人常常被声光电结合的陈列方式、精彩新鲜创意十足的技术和艺术亮点所启迪、所启发、所感悟，长久地伫立端详。

“以后国旗教育馆建成了，也一定要有高科技的先进展陈技术。”

“还得有互动的技术，要让参观者有强烈的参与感。”

“青少年教育的板块也不能缺少。”

……

大家喜出望外，如获至宝，就好像明明舞台上演出已经结束，却有小彩蛋带来意外的惊喜，敲击出另一集剧情，演绎出另一波高潮。大家兴致高涨地讨论着，互相启发着，虽然有人一再提醒“时间来不及了，必须要走了”“再不走吃不了饭赶不上飞机了”。但众人流连忘返，一路小跑地穿行于几个展厅及声色光影之间。

最后的安排是，两位同志先去机场办理登机手续，这边参观结束，简单吃顿午饭后马上赶往机场——原先美好的计划“中午稍微轻松地吃一顿饭”，也就无法兑现了。

大伙儿匆匆赶到机场，航班已经开始登机，再稍晚十几分钟就得留在武汉了。

一个共识

乘风破浪潮头立，扬帆起航正当时。国旗教育馆建设筹备工作紧锣密鼓地展开，从设想构思进入到实质性前期工作。

2月下旬，国旗教育馆概念设计方案揭开神秘面纱，设计方根据2月2日的研讨会精神，对候选方案做了重新修改完善和优化提升，提炼出“天圆地方、天瑞地安、鼎盛中华、红旗飘扬”的主题，打造“立足瑞安、示范全国”的爱国主义教育展示中心、红色文化创意中心、党建宣传工作学习交流中心和科普研学体验中心。

设计理念为：圆为心，方为表，以外方内圆的建筑形式表现中华传统哲学“阴阳相合”的思想，体现出建筑与自然和谐相融的美好设计愿景，展现天瑞地安的地域特色。鼎盛中华，则寓意中华民族永远吉祥如意，象征着中华民族在中国共产党的领导下鼎盛千秋。

建筑外立面运用红色杆件进行三维形体塑造，呈现出五星红旗在微风吹拂下高高飘扬的效果，并随视角而动，产生韵律感，丰富立面效果。

▲国旗教育馆设计外观图

姚子刚博士总结他们团队的设计方案说："我们给它的概念是西山之巅红旗招展，让你第一眼看到它像飘扬的红旗一样。然后再往上看，外面是一个方形的建筑主体，里面是一个圆形的中庭，它既符合我们天瑞地安、天圆地方的概念，又和我们的地域文化联系在一起，然后它整个建筑是上面托起来，下面往里收，看起来就像是一个鼎的概念，所以我们也叫

它鼎盛中华。”

对于上海同济城市规划设计研究院及姚子刚博士来说，国旗教育馆的设计工作，也是打破常规。先是短短时间里一下子出了3个方案，后又根据3个方案，整合为一个方案；随后综合多方意见与建议，对方案做优化提升，拿到本次会议上，成为国旗教育馆设计方案的最初版本。

不过此后，这个版本还将在实际操作中经过数十次、数百上千处的局部修改及细节完善。这是后话，暂且不表。

2019年2月22日，市委书记陈胜峰主持召开市委专题会议研究国旗教育馆设计方案，麻胜聪、叶建辉、管秀云、王忠宝、张榜桃、施巨耀、邵德鹏、叶艳、池万松等市领导与会。会议经研究确定，形成以下决议：

（1）同意西山原广播电视站D级危房拆后建设国旗教育馆；

（2）同意采用《天圆地方　天瑞地安》作为国旗教育馆建设实施方案；

（3）国旗教育馆建设列入瑞安市向新中国成立70周年献礼的精品工程，相关部门要大力配合支持，简化优化审批程序，确保国旗教育馆建设严格按照时间节点推进。

会后不久，建设施工队伍开进西山，原广播电视站旧址开始拆除。

瑞安建设国旗教育馆的计划得到温州市

委主要领导的赞赏和大力支持。2019年3月8日，浙江省委常委、温州市委书记陈伟俊率温州市委常委、宣传部部长胡剑谨和瑞安市委常委、宣传部部长叶艳赴中宣部，向黄坤明部长、蒋建国副部长、常勃局长汇报国旗教育馆建设有关事宜，得到中宣部部长黄坤明等领导的肯定与支持。胡剑谨部长对国旗教育馆建设也是亲力亲为，对展陈文本提出了建设性意见。

叶艳还带领常务副部长谢骁等人奔走于国家博物馆、中央档案馆、中央新影集团、天安门地区管委会等相关单位，对接藏品及影像资料等事宜。

2019年3月15日，成立国旗教育馆文案组，由年初以来一直参与国旗教育馆筹建工作的瑞安日报社纪检专员、瑞安日报有限公司副总经理王丛伟负责展陈文案工作，另抽调瑞安市博物馆陈乐敏、市档案馆蔡林春、市广播电视台林勇、市委党史研究室孙慧珍等4人，集中市委宣传部办公。

市委宣传部发出了“征集令”，开展“我为国旗教育馆献一计”金点子征集活动，面向社会公开征集国旗教育馆建设和发展方面的意见建议，邀请市民围绕国旗教育馆的内部功能定位、周边氛围营造、未来发展方向等方面，提出具有前瞻性、针对性、建设性的意见建议。瑞安市文联向全国文艺工作者发出诗词征集令，开展“我和我的国旗”全国诗联征集活动。郑旭东是瑞安人，在中国文联工作多年，他热心地帮助瑞安老乡联系到中国书法家协会主席苏士澍、副主席陈振濂、分党组书记陈洪武等人，温州文联副主席谢子康也帮助联系了时任浙江省书法家协会主席鲍贤伦、副主席赵雁君等人。瑞安市文联主席郑洁说，那段时间她最大感受是，这些名家听说为国旗教育馆赠送书法作品，非常热心，非常爽快，并表示这是义不容辞的责任，令她感动不已。

建设国旗教育馆的消息像种子一样播撒出去，市民奔走相告，为瑞安即将拥有一座高档次高规格的爱国主义教育基地而欢欣鼓舞。一些市民原本不知道国旗设计者是瑞安人，通过上述消息的传播，第一次知道“中华人民共和国国旗设计者是曾联松，曾联松是瑞安人，老家就在城关申明亭巷”，接受了一次国旗诞生知识及爱国爱乡思想普及教育，就像是播撒出去的种子拱出地皮，探出了青绿的尖尖脑袋，在春风吹过的地方，有一天会呈现出绿油油的一片。

一面红旗插在高岗上，在山风下猎猎作响，国旗教育馆建设蓄势待发，犹如一匹承载着骑士的信仰与梦想的战马，浑身充盈着力量，如炬的目光，带着澎湃的激情和无尽的期待，朝着2019年10月1日中华人民共和国成立70周年举世瞩目的日子，呼啸而去。

第二章
一直在路上

一种速度

沉寂了近20年的西山之巅，乱草之中惊飞起一群野鸟。匆乱的脚步声、轰鸣的机器声，驱散了乱石杂草和黄泥堆里此起彼伏的昆虫的喧嚣。

2019年4月4日，国旗教育馆工程建设者在西山之巅打下了第一根桩基——国旗教育馆正式动工兴建。

国旗教育馆建设是个时间紧、任务重、意义非凡的工程项目。如能争取在中华人民共和国成立70周年前夕建成开馆，其意义不言而喻。

虽然市里没有下“死命令”或“硬任务”，但参与工程的所有人都铆足一股劲，聚起一股力，奔着这个目标，往前冲，以时不我待、只争朝夕的姿态，跑出了瑞安加速度。

温州市政协副主席、瑞安市委书记陈胜峰多次在不同场合要求：在确保安全、保证质量的前提下，加快项目进度，力争如期竣工投用。

瑞安市市长、国旗教育馆建设工作领导小组第一副组长麻胜聪在专题视察工程进展情况时要求：倒排时间，保证工程质量，争取早日竣工。

市委常委、国旗教育馆建设工作领导小组成员施巨耀，在协调会及工地建设现场多次说：“建设过程中有什么困难，你们尽管提，能拍板的我给你们拍板。”

市委常委、宣传部部长，国旗教育馆建设工作领导小组办公室主任叶艳经常讲这么一句话：绝不让国旗教育馆建设工期在我们这里拖延一天。

▲瑞安市四套班子领导专题视察国旗教育馆工程建设情况

作为工程建设责任单位一把手，市名城建设中心主任叶秀敏关心的是实操——国旗教育馆的建设边施工边优化设计，工地上经常四个工序同时推进，如何才能做到有条不紊？

从春天到夏天，从清晨到深夜，季节更替，昼夜往复，不变的是超越时间界限的那份干劲和激情、那份初心和使命。30多场研讨会的精益求精，10余次赴北京、上海的求经取宝，100余次对设计方案的完善和展陈文本的字斟句酌；150多名工人的连续奋战、日夜坚守；市委宣传部、市名城中心和玉海街道等单位众志成城、合心合力；上海同济国家名城中心、上海同增设计公司、温州中亿建设公司、力方数字科技集团带领每一位建设者忘我奋战、不辞辛劳。

在工程建设过程中，叶艳始终靠前指挥，事无巨细地推动着工程建设进度。一家媒体曾非常形象地描述了这样一个细节：“她出现时，着一身正装，脚下却是一双平底休闲鞋，

▲瑞安市委常委、宣传部部长叶艳等与工程建设者合影

极不协调。为了国旗教育馆的建设、布展，她多次上西山现场督查、办公。谈起国旗教育馆的由来和建设，叶艳不需要借助任何资料，因为众多细节，都在她的脑海里。”

每次开会讨论每次现场察看，叶艳都会发现新问题提出新建议，她身边的人往往跟不上她的思路和节奏，无法及时回应她的提问、解答她的疑惑、解决她的问题，在她的追问下哑口无言，开始“害怕”她了。

国旗教育馆有个“文案组微信群”，开始时是几名文案工作人员在群里讨论文案事宜，某一天叶艳入群后，这个本就忙碌的工作群更加“片刻不得安闲”，群里人数增加到30多人，不管是深夜或者清晨，群里经常“不合时宜”地响起“嘀嘀嘀”提示音，叶艳时不时地会丢出一个问题，了解一些事情。群里30多个人，时时得打点精神，注意群里的动静。

本来最应该反感甲方这种“不行不行不行”“改改改”“变变变”行为的乙方——展陈设计力方集团设计人员却不这么想，反而予以认可，他们觉得，虽然叶部长很严厉，有时会让他们这些专业人员感到难堪，但是她提出的问题很精准很实际，更重要的是，她不是含含混混、模棱两可地讲意见给指示，而是干干脆脆地提建议，给出具有操作性的破题思路或解决办法。“我们倒喜欢这样的领导。”设计人员袁晓凯私下不止一次这么说。

他们特别欣赏叶艳对他们说的那个“不让工期在我们这里拖延一天”的承诺。他们说：叶部长是这么说也是这么做的。

有人曾半开玩笑半认真地说，一个国旗教育馆建设工程，瑞安市委宣传部几十号人都被调动起来了。

常务副部长谢骁自从和叶艳从昆明国歌纪念馆回来后，就自觉地进入“展馆建设”模式，成为国旗教育馆建设的“常务分管领导”，土建项目、展陈设计、部门协调等一波接一波，原来的工作节奏和作息时间被完全打乱，所面对的也均是与原来“宣传工作”完全不搭边的事情，不得不恶补有关知识。

宣传部副部长、社科联主席邵定美，他的妻子是高龄产妇，二胎临产需要他的照顾，他无法顾及妻子，一边忙着社科联换届选举的事情，一边盯着展陈文案的审查。他的妻子预定9月20日上午8点剖宫产，而国旗教育馆开馆在即。9月19日晚上10时许他还在办公室和文案组组长王丛伟一起讨论、修改展馆文案内容，次日上午孩子出生后，他也没太多时间照顾妻子，第二天就跑到部里，忙于商议馆内的事情。

还有宣传部的办公室、宣传教育科、理论科、文化科、社科联、新闻科、志愿服务指导科等，都为了国旗教育馆建设奔流涌动，不舍昼夜。

所有参与者有意识或者无意识地都有着这样的想法：中华人民共和国70周年大庆，有幸参与国旗教育馆的建设，人生能有几回这样的荣耀？

一日行程

早春的北京，尽管空气中带着丝丝冷冽的寒意，但和煦的阳光温暖惬意。这是北京最美的季节，浅草吐绿，万物复苏。长安街上车水马龙，沿街雪白、绯紫的玉兰花已经开始绽放，点缀出清新迷人的亮色，吸引了不少游客驻足观赏与拍照留念。

但是，有这么一群从东南沿海赴京的外地人，他们没有时间去观赏首都的早春风光，也没有心情去领略天安门广场的恢宏气度，而是行色匆匆地不停奔走于首都的最中心地段，往返于僻远的西郊温泉镇，从清晨霞光微熹出门，一直到夜色深沉才回到宾馆。

这是风尘仆仆、争分夺秒的一天，也是忙碌而快乐、收获丰实的一天。

这一天，叶艳率谢骁、夏海豹、谢安等人，拜访中宣部宣传舆情研究中心，与刘汉俊主任对接国旗教育馆建设相关工作；拜访国家博物馆，与单威书记、谢小铨副馆长座谈，对接国旗教育馆建设筹备工作及相关藏品的收藏复制工作；拜访中央档案馆，与焦东华副主任对接馆藏档案甄选复制事宜；拜访天安门地区管委会，向李锋副主任汇报国旗教育馆建设情况，寻求支持；拜访天安门国旗护卫队，了解护卫队与国旗的相关知识；拜访中央新影集团，与微电影发展部郑子主任对接国旗教育馆需要的影音、影像资料事宜。

——这天是2019年3月7日。北京几条重要的街区仿佛回荡着他们“蹬蹬蹬”急促紧凑的脚步声。

3月8日，同样急急忙忙的一天。上午，叶艳及温州市委常委、宣传部部长胡剑谨，陪同浙江省委常委、温州市委书记陈伟俊，赴中宣部向黄坤明部长、蒋建国副部长、常勃局长汇报国旗教育馆建设方案，得到赞赏与支持。

下午，叶艳、谢骁、夏海豹等人，首先到中国民族文化出版社，与出版社执行董事、社长刘彦明，副社长张宇，副总编辑刘树枫对接《致敬五星红旗——国旗设计者曾联松》一书出版发行等事宜；随后，赶赴天安门地区管委会，与天安门国旗护卫队队长杜林对接沟通，参观国旗护卫队训练。

——这是国旗教育馆建设过程中，晨起暮落，一路奔波的平常的一天。

——当国旗教育馆的设计跳出瑞安、跳出曾联松个人，站在更高的定位，必须有与之相匹配的内容。这个“内容”里面，馆藏品是国旗教育馆不可或缺的部分。文案小组根据展陈需要，先后罗列出数十件与“国旗诞生”“曾联松设计国旗”“国家荣耀”等相关联的历史资料，需要复制、陈列于国旗教育馆内。但是这些珍贵史料大部分属于国家级文物，收藏于国家博物馆与中央档案馆等处，想一睹真容都不容易。而且对于文物复制，2009年5月出台的《文物复制暂行管理办法》，进一步加强了对文物复制的规范管理，需要通过规范严格的审批程序方可复制，《办法》第8条明确指出：为陈列展览、考古发掘出土文物移交、科学研究等用途复制文物，由文物行政管理部门和文物收藏或保管单位按文物等级分别审批。一级文物的复制，经省、自治区、直辖市文物行政管理部门审核后，报国家文物局批准。国家和省级文物收藏或保管单位复制二、三级文物，由文物收藏或保管单位负责人审批，报上级文物行政管理部门备案。市、县级文物收藏单位复制二、三级文物，报省、自治区、直辖市文物行政管理部门审批……

瑞安，作为偏居东南一隅的小县城，如何“攀”上这些国家级收藏单位的关系，并取得复制品？

唯有两个字。

第一个字：跑。就像上面提到的，叶艳带头跑北京，与国家博物馆、中央档案馆等单位领导面对面沟通，陈述瑞安建设国旗教育馆的初衷目的和意义。资料的搜集，从2019年年初就开始了，跑上海、跑北京、跑武汉。仅北京，就跑了六七趟。

第二个字：援。寻求上级部门和领导的支持。比如上面提到的，浙江省委常委、温州市委书记陈伟俊和温州市委常委、宣传部部长胡剑谨亲往中宣部向中宣部主要领导汇报瑞安建设国旗教育馆事宜。再比如，第一次前往中央档案馆时，档案馆负责人虽然十分支持国旗教育馆的筹建工作，但由于文物复制管理严格，对方建议瑞安向省委办公厅申请，发函给中央档案馆，以便日后更规范、更便捷地开展相应工作。打道回府后，经多方协调，寻求上级部门支持，通过瑞安市委办向温州市委办寻求支持，温州市委办发函给省委办公厅，省委宣传部促成省委办公厅发函给中央档案馆，申请复制与国旗相关的珍贵照片、影像资料；叶艳、谢骁等人又多次赴北京沟通协调，终于得偿所愿。

每一个微小的成果，都意味着背后鼎力无私的支持及默默无闻的付出。

因为“国旗”，瑞安与北京架接起了友谊的桥梁。

因为“国旗”，首都这些部门单位的干部群众见识了这群来自偏远小县城拼命三郎一般的“小干部”，并被他们汹涌澎湃的工作热情、积极乐观的精神状态、不屈不挠的工作干劲所深深感动。

无论是国家博物馆，还是中央档案馆，抑或是北京天安门地区管委会及国旗护卫队，对瑞安建设国旗教育馆之举纷纷点赞，并给予力所能及的支持。

目前，国旗教育馆里陈列着从国家博物馆、中央档案馆等单位收集、复制的30多件珍贵原始图片、影像资料及40余件实物模型。这些大部分

“来源”于六七十年前的珍贵物件，静静地安放于展柜，穿越时空，带着岁月的沉淀与永恒的荣光，从一个侧面，见证着共和国的成长，见证着五星红旗高高飘扬的一段段难忘时光。

一次会议

深夜，瑞安市政府大院里静谧安详，盛夏的暑气终于被黑夜收拾干净，凉风趁着这个空隙在婆娑的树影间游走。黑色收拢闷热，也收拢起办公室里的灯光。渐渐地，那些透着亮光的窗户像月色被乌云所阻挡，一扇一扇地暗下来，只有市委宣传部会议室的灯光仍然亮堂堂的，像树隙间传出的一两声啾啾鸟鸣，在夜色中透露出一丝灵动与倔强。

会议室里气氛正热烈，10多人时而陷入沉思，时而激烈讨论，碰撞观念，交融思想。

这是8月13日召开的国旗教育馆整改意见对接会，也是国旗教育馆建设"第十二次专题会议"。

参加会议的有叶艳、谢骁、邵定美、叶秀敏、安阳城区建设中心总工程师池振昶和文案组全体成员，还有刚刚从上海赶过来参加会议的设计师姚子刚及展陈负责人李祥飞、展陈设计师袁晓凯，建设施工单位负责人。

▲与会人员热烈讨论中

从参加会议的人员就可以看出，这是个非常重要的会议。展陈设计人员袁晓凯汇报了展陈建设进度，文案组组长王丛伟汇报了建设过程中实际呈现情况与设计要求之间存在的差异，会议全面梳理开工以来建设过程中存在的问题。

会议下午2时开始，原定5时30分结束，但在会议召开过程中，问题随着讨论越来越多地暴露出来：一楼大厅地面设计方案的落地难和升旗仪式大屏幕前的拍照补光问题、二楼入口背景设计图与实际效果的巨大落差以及展陈展柜的不易开启不易检修问题、三楼“瑞瑞安安”的形象设计及几个互动项目互动不畅问题、负一楼服务总台改造问题和小剧院改造涉及的消防问题……

针对像泡泡一样“咕嘟咕嘟”冒出来的一个个问题，从设计落地、施工细节、材料使用、平面呈现等方方面面，展开越来越热烈越来深入越来越细致的讨论，与会者时不时地站起来在屏幕上指指点点，在设计图上比比画画。

时间在不知不觉中流逝，不经意间望向窗外，夜幕已经降临。挂在墙壁上的时钟指针和分针已指向6时30分。会议主持人叶艳宣布暂时休会，给30分钟时间让大家各自吃饭。

7点钟，会议按时重新开始，未了的问题继续讨论解决。

9点多钟，会议的议题对准了一个老大难问题：负一楼的小剧院。

小剧院一直被作为国旗教育馆主要的配套设施，一个不可或缺的展示平台和活动阵地，但是设计方在设计时把本就不大的圆形场地分割成设备间和放映厅两部分，导致前面的放映厅部分极为逼仄局促，经初步测算只能摆放十几张椅子。也就是说一次只能供10多人观看，这就违背了初衷——根据设计方案，小剧院需保证四五十个座位，以供单位和学校开展活动。

设计方重新做了设计，将设备间拆除，半圆的放映间成为一个整圆的小剧院，固定座位从十几个增加到40多个；根据实际观影人数，走廊还可以增加临时座位。

设计重新调整后，碰到消防安全问题。关于这个问题，之前有过多次小范围的研讨，设计施工单位也征求过相关部门的意见，但都没有满意的结果。叶艳说，这个问题不能再拖下去了，今天晚上一定要把它解决掉！

叶艳拿起手机接通相关单位的负责人，希望消防和安监两个部门马上派人过来开会："辛苦你们过来一下，帮我们国旗教育馆出出主意。"几个电话打出去，10时许，消防和安监部门的相关人员相继急匆匆地赶到会场。

消防参谋查看有关资料后认为，小剧院作为密闭空间，目前情况不符合消防要求；而剧场周围是剪力墙，不能拆除。

安监部门人员说，小剧场安全问题必须遵守相关程序和规则，不能随意更改。

怎么办？在场人员抛出一个个问题和一个个建议，大家互相启发，最终商讨出一个两全其美的方案，达到了各方的目的和要求。

小剧院问题终于告一段落，这时已近夜半12时。

像这样“没有节制”的会议，在国旗教育馆建设过程中属于“正常现象”。

▲瑞安市名城建设中心讨论会剪影

文案组组长王丛伟除了参加市委宣传部召集的大大小小会议，还经常应邀参加国旗教育馆建设责任单位瑞安市名城建设中心召集的工程建设讨论会。他发现，会议到了午餐或晚餐时间也不休会，与会人员边吃外卖边讨论，时而扒几口饭，时而指点着图纸或投影发表自己的观点，好像他们一直就是这么做，已见怪不怪。可见，这也是名城建设中心及施工单位的工作常态。

一个巧合

细节指的是细枝末节的小事。细节最容易被忽视，但是细节犹如一面镜子，可以反映出很多问题，就像大家常说的“一沙一世界，一花一天堂”。

某一天，谢骁、欧兴俊和郭金雷等人整理、报销飞机票时，突然发现一件有趣的事：三四趟来回北京的飞机票，大部分都是晚上的航班。

这仅仅是巧合吗？

哪里有这么多的“巧合”？“巧合”的背后，自有原因——原因很简单，因为部里每个人都是“大忙人”，每次出差，要么是临时接到任务，事情急，马上买机票，只能乘晚上的飞机；要么，出差前必须先完成手头工作，或者把出差这几天原来计划的工作提前完成了，所以往往是下午三四点还在工作，一放下手头的活，马上去机场。

“领导每次出差的时间都安排得很紧凑，基本上都是下班之后去机场。”瑞安市社科联副主席欧兴俊说。

他们对时间的态度，可以用一个词来形容：吃干榨尽！

2019年3月初，叶艳、谢骁、夏海豹和欧兴俊等赴北京，下午五六点钟一群人拖着行李，从瑞安出发前往温州龙湾机场，两个多小时的航程，出了北京机场已经晚上11时许，到事先预订的一家连锁宾馆住下来已经过了半夜12点。住进房间后才发现这家宾馆刚刚开张，房间里油漆味浓重刺鼻根本无法住人，大家实在难以忍受，只好换退房宾馆。

3月的北京，子夜的街头，气温直抵零度，冷峭的北风给你一个透心凉。一群人紧裹衣服，惶惶然前行。

街道上冷冷清清，几片落叶被他们疾步行走的风带动飘落，划过他们的眼前，即刻被他们甩在身后。

走过了很长的一条大街，再拐入一条巷道，一群人才寻到一家宾馆。入住后迷迷糊糊睡了4个小时左右，一大早起床，按照原定计划，奔赴各自目标地。两天里，他们先后跑了十几个部门单位。去中央档案馆的时候，对接人员有要事临时开会，他们就在那里等候。墙壁上时钟的秒针无声地沉闷地移动，在焦急等候的几个人眼里，秒针的针尖却化作锋利的刀尖，从心头“嘎嘎嘎”地划过去，备受煎熬。因为他们上午要跑两个单位，这边延误了，下一个单位要办的事自然就耽搁了；一耽搁，就不知道下一次约在什么时候了。所以他们一边在中央档案馆无助地等待，一边与下一个单位保持联系，恳请对方“尽量留一点时间给我们”。

也许他们的焦急和诚意潜移默化中发生了作用，临时会议在几乎绝望的时间点之前结束。双方紧锣密鼓地就事先约定的话题进行交谈、协商，会谈结束，匆匆上了提前等候的出租车，在临下班前赶到下一个单位，把对方堵在办公室门口。

办完事情出来时已经过了12点。几个人没有时间回宾馆休息，在附近吃了碗点心，简单应付了一顿午餐，又赶往下午接洽的第一个单位。

谢骁深有感触地说，经过这几次密集地跑北京，才知道北京有多大，在瑞安你从一个部门到另一个部门，几分钟十几分钟的事，到了北京，一出门就是一个小时几个小时，一个上午能办成一件事，就算大功告成，能跑两个部门完成两件事，那应该是“赚”到了。

第二天，他们倍道而进地办妥所有的事情，又是晚上，乘飞机离京返瑞。

7月中旬，邵定美、欧兴俊和王丛伟一起去北京，也是深夜到达。次日一大早乘车去中央档案馆。中央档案馆地处僻远之所，出租车司机在小道里不断折回，绕了很大的弯，在一个类似小村庄的地方好不容易才找到所在地。通过严格的程序，经过一道道关卡，终于得以进入资料室，跟工作人员进行了交接，取得部分珍贵的影印件，出来时已是正午时分。3人在路途中简单解决了午饭，直奔下一站——清华大学美术学院教授、全国雕塑家学会会长曾成钢先生的工作室。

邵定美等人参观了曾成钢教授工作室，与曾教授就创作曾联松雕像事宜进行了沟通交流，取得共识。随后匆匆告别曾教授，直奔首都机场。时间像北京长安街街边的风景一样，被完全无视，被匆匆忙忙的脚步抛在身后。

大约半个月后，市委宣传部宣传教育科科长郭金雷的一次北京之行，时间更为紧张紧凑。

那天郭金雷临时接到通知，当天飞北京，办理3件事后，次日回瑞。第3天上午他所在的科室还有一场重要活动。

这3件事的目的地分别是：中央档案馆、国家博物馆、曾成钢教授工作室。

郭金雷订了当天下午4点多钟的一个航班。去机场的路上打了电话给曾经与曾成钢教授有过联系的王丛伟，请他帮忙约曾成钢教授安排晚上见面。

在郭金雷的计划中，只有当天晚上与曾成钢教授见面，办妥这件事之后，第二天白天才有可能完成另外两件事，否则这趟出差就是个不可能完成的任务。

所幸，王丛伟那边与曾成钢教授的沟通比较顺畅圆满，成功约了曾教授晚上见面。曾教授工作室位置比较偏僻，弯弯道道多且复杂，导航不一定能够准确定位，王丛伟又和曾教授的学生李利商量，能否麻烦他们开车去机场接机。李利凑巧在外出差，不过他颇为重视，联系落实了曾教授的另一名学生小王，让他去机场接郭金雷。7点多钟，郭金雷下飞机，小王已经等在机场外，直接上车出发去见曾教授。

当天晚上12时许才把自己扔在宾馆席梦思上的郭金雷，次日上午6点钟多就出了宾馆，8点半准时出现在国家博物馆，临近中午办妥相关事情，马不停蹄地直奔中央档案馆……

傍晚，他满脸倦意地出现在北京首都机场，但却有着完成任务后的一身轻松。

一种分工

国旗教育馆选址确定后，需要在杂草丛生的西山之巅，拆除原有危旧房、建好主体工程、完成装修布展，并赶在国庆节之前开馆，留给工作人员的只有9个月时间。市委常委、宣传部部长叶艳立即做了分工：常务副部长谢骁牵头负责工程建设，具体包括土建项目和协调部门关系；市委宣传部副部长、市社科联主席邵定美牵头负责布展工作，具体包括文案、图片、视频、实物、雕像等内容。由于时间紧迫，叶部长特别要求内容布展必须与工程建设“两手齐抓、同步推进”，而不能等工程建设完成后再考虑。接到任务的邵定美想：国旗教育馆定位这么高，展陈内容又是整个展馆的灵魂所在，文案要做到立意高远、逻辑严密、表述精准。为此，他开始物色合适的帮手。

2019年1月2日，元旦假期节后上班第一天下午5时许，瑞安日报社纪检专员、公司副总经理王丛伟正在召开分管部室会议，布置新一年工作，接到邵定美的电话。邵定美说市里今年计划建设国旗教育馆，想邀请他参与展陈文案工作，“一起把把关，你有没有兴趣参加”。

这么有意义的事情，王丛伟自然毫不犹豫地答应下来。

不过他想不到的是，原来说好的“把把关”，后来演变成他自己动手完成了国旗教育馆各展厅上墙文字的整理撰写；所有视频文字的审核修改，甚至把此前的稿子推倒重来，自己撰写。不仅如此，还深度介入到国旗教育馆建设几乎所有工作中，包括展陈史料收集、合同签订、专家对接，甚至工程建设进度督促、工程质量监督……

这种事放在国旗教育馆建设过程当中，就像每天吃饭睡觉、就像瓜熟蒂落一样正常。说到这件事，就要讲到国旗教育馆建设的分工问题。

国旗教育馆工程建设过程中，既有分工，又没有分工。按照叶艳的话讲：国旗教育馆工程建设，就是要“大家人抬牢干”（温州话，意为大家齐心协力把事情做好）！

从大的分工讲，瑞安市名城建设中心是展馆建设责任单位，市委宣传部是展馆建成后的使用单位，叶艳作为国旗教育馆建设领导小组办公室主任，自然与展馆工程建设脱不了干系。建设国旗教育馆这个点子本来就来自宣传部几位领导的昆明国歌纪念馆之行，宣传部一班人也把国旗教育馆的建设当成自己的事，所以一开始叶艳就带着市委宣传部一群人，跑上海跑北京，参观展馆，拜访相关人员，早早地投入到史料的搜集中。工程开工后，自然而然地关注展馆建设的每一个步骤，每一步进展——就像看待自己的孩子，父母与生俱来的天性希望陪伴他每一天的成长。

展陈建设单位汇报工作情况时，叶艳能够精准地发现问题，指出问题症结所在，与展陈设计人员深入沟通，交换意见。她提出的意见或建议，既直击问题核心，又切合实际。设计人员经常由衷赞叹她的“专业”。

一个部门的领头人这么做，下面分管领导和科长主任们自然沿袭和效仿。

3月11日，正当整项工作如火如荼推进时，市委宣传部副部长、市社科联主席邵定美被组织选派去温州参加为期三个月的中青班学习。学习名曰“脱产”，实则不能完全“脱身”，国旗教育馆布展的许多事情还是要经常找他，而且社科联五年一次的换届大会筹备工作又重叠在一起。中青班管理非常严格，白天上课没法抽身，邵定美就利用晚上在学校宿舍里上电脑审阅文稿，双休日跑回来协调处理换届事务。4月中旬，邵定美带着欧兴俊和瑞安市名城建设中心名城科科长金雪筠第二次赴上海，协调争取家属赠送曾联松生前使用过的遗物。他还先后主持召开各类征求意见讨论会20余次。

常务副部长谢骁事必躬亲，经常陪同领导或者自己跑施工现场，及时与名城建设中心及工程建设单位协调沟通，第一时间解决突发事情。邵定美在中青班学习期间，展陈文案审查的部分工作也“无声无息”“自然而然”地转移到谢骁名下。那段时间正是展陈文案撰写、审核的关键时期，为了抢时间赶进度，谢骁经常上午会议开到中午12点13点钟、下午会议开到晚上七八点钟，而且作为常务副部长，宣传部的许多工作也不能撂担子不管。谢骁经常感叹：时间怎么不够用？怎么时间过得这么快？恨不得伸手揪住时间的尾巴，让它慢些跑。

副部长刘玉庭后期分工负责国旗教育馆开馆后的管理工作，由于展馆还未验收，许多项目尚处于整改完善阶段，这些本不属于他分管范围的工作，全部一股脑地“移交”给他。刘玉庭恶补功课，短短时间里熟悉展馆建设及存在的问题，召开会议，与名城建设中心及土建、展陈施工单位沟通，协商整改事宜。

市社科联副主席欧兴俊、宣传教育科科长郭金雷等，几乎都打破了原来科室的分工，你中有我我中有你，不分彼此；文案组陈乐敏，后期每天上山做起了工程“监理”，精准地发现并提出一个个大大小小的问题，使得工程建设单位负责人见了他都有点发怵；文案组孙珍慧，在国旗教育馆开馆时，成为首批讲解员。

大家凭着对国旗的崇敬、对国旗教育馆的热爱，不计较、不抱怨、不停步，铆足劲，往前冲！

一番波折

2019年3月19日，致敬改革开放的“伟大的变革——庆祝改革开放40周年大型展览”即将在中国国家博物馆落下帷幕。虽然是周四，还是有不少人赶在闭幕前一天前来参观。

其中就有从瑞安“飞”过来的四个人：瑞安市委宣传部常务副部长谢骁、市社科联副主席欧兴俊、市委宣传部宣教科科长郭金雷和瑞安市博物馆陈乐敏。他们此次来京的目的，与这次展出的展品有关。

这次大型展览从2018年11月13日隆重开幕，由“伟大的变革”“历史巨变”“大国气象”“面向未来”等主题展区组成，展览场景布置恢宏大气，展示内容系统全面，创意设计新颖别致，展陈技术手段先进，互动环节生动有趣，多角度、全景式地描绘了一幅改革开放40年波澜壮阔的历史画卷。

6个主题展区，展出各类要素超过10000项。谢骁等人对第二展区“壮美篇章”第七单元的“勇攀科技高峰”板块特别感兴趣。

这个板块重点展示改革开放40年，特别是党的十八大以来，广大科技工作者持续攻关，勇攀科技高峰，科技创新格局发生历史性变革，创新型国家建设取得丰硕成果。在这里，可以近距离接触长征系列火箭、“天宫二号”空间实验室、国际热核聚变实验堆（ITER）等高科技产品模型，蛟龙、海龙、潜龙“三龙兄弟”深海探测装备模型，水陆两栖飞机模型。

他们在展馆里徜徉，在模型前久久不愿离去，脸上流露出兴奋的神情，心里充满着“可上九天揽月，可下五洋捉鳖，谈笑凯歌还”的豪情壮志。

——因为这次北京之行收获颇丰，确实可以“谈笑凯歌还”。

——因为这里的不少展品在展览闭幕之后，将直接从国家博物馆运抵瑞安，以后安放在国旗教育馆。

事情要从十几天前说起，叶艳带领谢骁等人赴京向展览主办方说明瑞安正在筹建国旗教育馆，讨教布展相关事项并寻求帮助。交流沟通期间，叶艳等人流露出对大型展览展出这么多模型的羡慕之意，“如果国旗教育馆也有这些见证中国科技进步、竞技登峰等历史性时刻的展品，那就太好了！”对方很热情，表示愿意将航天发展等展区的部分展品无偿捐献给瑞安。

叶艳等人一听，兴奋至极，立即将这个好消息告知瑞安的同事，并让他们寻找临时寄存展品的仓库。

谢骁四人这次过来，就是落实这件大事——把展品运回瑞安。国家博物馆的场地在这次大展之后紧跟着又有一个展览，所以要求瑞安方第一时间将展品运走。

一到北京，谢骁就与对方取得联系，就展品捐献的相关细节进行对接，确认了捐献的数十件展品，联系好三辆厢式货车在次日凌晨待命。

一切进展都非常顺利，安排妥当相关事务，晚上谢骁临时接到重要任务，次日上午作别三人，去机场准备返回瑞安。欧兴俊、郭金雷、陈乐敏三人留下来，继续完成交接的细节问题，对着清单一一拍照核实，每个人都处于亢奋状态。北京之行如此顺畅，收获满满，想象着把这么多“高大上”的宝贝模型运到瑞安、放到国旗教育馆，那将是一幅多么壮观、多么震撼的画面！

万事俱备，似乎连东风都不欠。三人准备中午好好地吃一顿，然后睡一觉，养足精神，晚上干活！

坏消息就在这个时候传来。谢骁后来回忆，那时他刚登上飞机，正要关闭手机，突然接到一个电话。主办方临时通知他，他们开了个会，个别领导得知展品外赠的消息，因为有些展品接下去还要参加其他展会的巡展，会议研究决定捐赠展品的事情先缓一缓。谢骁一听急了，看着舷窗外缓缓往后移动的跑道，差点要“腾”地从座位上站起来，从小窗口里跳出去，跑到对方面前问个清楚明白。当然这是不可能的事，他特别郁闷却又无奈，仿佛飞机硕大的轮胎在他胸口沉沉地碾压过去，窒息般的痛与麻。

消息传到欧兴俊他们那里，3个人仿佛从天堂跌入地狱，好一会儿也没回过神来：煮熟的鸭子怎么飞啦？

他们不甘心，一方面与对方进一步沟通争取，一方面向瑞安反映这突如其来的变故。叶艳闻讯后，与国家博物馆领导层沟通，一直从中午联系到次日，还是没有结果。对方表示歉意，解释一方面这批展品以后还要参加各地巡展，另一方面部分模型有关单位另有安排，要做收藏之用。

沟通无果，至此，一个美好的梦想幻灭了。

但是，爱做梦的人，不会轻言放弃，会努力制造机会实现梦想。没有梦想，到不了远方。

自从观看了“伟大的变革——庆祝改革开放40周年大型展览”展出的高科技展品后，那种震撼所带来的浓厚的爱国情怀深深地镌刻在每个人心里，“国旗教育馆必须有类似的展现祖国成就的模型”成为大家共同的期望。

市委宣传部一帮人立即寻找替代方案。他们记起一件事：瑞安市安阳实验中学有个“青少年航天体验馆”，展示了大量的航天模型。

谢骁和市委宣传部文化科科长李立新立即赶到学校，观看体验馆里火箭展区、卫星展区、载人航天展区、探月工程展区、互动展区共5个展区陈列的展品，还了解到中国工程院和中国科学院十几位院士、专家、学者曾多次到校进行科普指导和学术交流。循着这条线索，他们联系上北京一家有着科技院校背景的模型制作公司。3月31日一大早，在中央戏剧学院参加文化产业培训的谢骁和李立新从昌平校区出发，前往海淀区阜成路航天宾馆洽谈模型制作事宜。到了宾馆之后，得知模型样品及制作公司在郊外某个地方，两人又马不停蹄地赶往。

李立新形容这一路上“坑坑洼洼，风尘仆仆”，3个小时左右才抵达制作公司，认真仔细地察看摆放的模型样品，了解制作工艺，并初步确定了国旗教育馆模型的类型与范围。从制作公司出来，已经下午两点，两人肚子“咕咕咕”地提出抗议，才恍然午饭都还没吃。

此后经过几轮筛选和调整，确定并定制了长征系列、神舟天宫对接、蛟龙号等数十件展现中国科技成就的实物模型。

谢骁、李立新在对接模型制作的同时，另一边与国家博物馆和中央档案馆的联系也一直紧锣密鼓地进行，因为这两家单位是个“富矿”，希望可以从中“淘”到更多宝贝。

叶艳亲自跟进这条线。她又一次专程跑去北京，向国家博物馆馆长王春法详细汇报了瑞安筹建国旗教育馆的情况，一番言辞恳切的话引起王春法馆长的共鸣，得到了他的支持。王春法馆长指定工作人员与瑞安方就史料复制相关程序专题沟通。

国家博物馆还提供了一条线索，中央档案馆曾经编撰过一本《中华人民共和国国旗国徽国歌档案》，可以根据这本书的内容有目的性地选择需要复印的史料。

叶艳马上交代办公室副主任谢安“无论如何找到这本书”。该书由中央档案馆系统地公布馆藏国旗、国徽、国歌档案，真实、完整地再现国旗、国徽、国歌的诞生历程，具有极高的文献史料价值。但是当时网络上断货，无处购买，谢安上网四处搜索，最后在孔夫子旧书网淘到了这本书。

后来根据这本书上罗列的160多件珍贵史料档案，又与中央档案馆和国家博物馆进行了多次沟通协商，甄选其中30多件予以扫描影印，作为国旗教育馆里珍贵的史料展品。

一件憾事

这是一张摆放在岁月深处的藤椅，阳光与月色的浸润给它抹上了深沉的色调，座位和靠背处的藤条因久坐变形而显松垮，大大小小的藤网间隙，有微弱的光晕和浮沉的灰尘穿越，好像无声无息地传递着很多年前那个关于国旗设计的故事。

伏案设计创作红地五星旗时的书桌、坐过的藤椅、小憩时喝茶的杯子……曾联松先生生前使用过的物件，此时仍摆放在曾联松次子曾一明的居所，这些东西如果能够珍藏在国旗教育馆供大家参观和欣赏，将会拉近参观者与曾联松先生的距离，让人真切感受曾联松先生的生活气息。

带着这样的愿望，邵定美和社科联副主席欧兴俊、瑞安市名城建设中心名城科科长金雪筠，4月上旬前往上海。

这是邵定美一个月里第二次去上海。上一次是半个多月前跟随市委常委、宣传部部长叶艳一起去的。

那次叶艳等人看望曾联松的次子曾一明，在他的陋室里发现曾联松先生用过的一些物件。工作组表示如果这些物件将来放在国旗教育馆展出将非常有意义。

曾一明出于某种顾虑，迟迟疑疑地没有答应。叶艳见此灵机一动，拿出平板电脑，打开保存的国旗教育馆设计动画稿，播放了十几秒的动画视频。

视频里色彩鲜亮、气势磅礴、节奏明快的国旗教育馆动画效果，深深地吸引住了曾一明。他聚精会神地观看视频，脸上露出欣喜的笑意。他终于点头同意捐出父亲用过的书桌、书架、藤椅、床等一套家具。

曾一明现居的3楼住所窄小老旧、破败凌乱，每个进来的人见状都不免涌上心酸之意。叶艳计划搬运曾联松先生物件的同时，派遣工程队以“修旧如旧”的文物保护方式修缮其居所，改善其居住环境。

所以，瑞安市名城建设中心金雪�这次特地同行，就是要考虑翻修曾家旧居事宜。

自上次从上海回来后，欧兴俊与上海当地相关部门保持着联系对接，后来对方表示他们将来也要建设类似的展馆，曾联松先生的遗物需要留在当地。虽然如此，邵定美等人还是不打算放弃。到了上海，对方态度比较坚决，再次表示曾联松先生的遗物不能移交给瑞安。

从会议室出来，邵定美等人不甘心，径直来到山阴路去找曾联松的儿子曾一明。最终，曾一明因当地有关部门对此另有安排，未捐赠父亲遗物。

虽然无法取得曾联松先生的遗物是件憾事，却也促使瑞安建设方从别的方面来弥补，比如此后惊艳亮相的曾联松先生雕像。

一套文案

穿越血与火的历史硝烟，1949年10月1日，第一面五星红旗在天安门广场上冉冉升起，中华民族迎来浴火重生的曙光。那鲜艳的红，是先驱者的热血；那耀眼的星，是照亮中华儿女内心的光芒。五星红旗从此成为中华人民共和国的象征和标志。

举世瞩目的开国大典犹在眼前，新时代已书就辉煌篇章。五星红旗见证了中华民族从站起来、富起来到强起来的历史性飞跃，她不断迸发出无比磅礴的中国力量，鼓舞着全国人民从胜利走向胜利。

瑞安人对五星红旗的尊重与敬爱，带着一份特殊的亲近——因为五星红旗的设计者就是乡贤曾联松。

建设国旗教育馆，正是为了展现“一旗、一人、一馆、一城”的特殊情缘，记录瑞安这座千年古县与祖国的共同成长，传播国旗文化，弘扬民族精神，传承家国情怀。

祝福祖国红霞满天、星光灿烂！

这是国旗教育馆的序言，包括标点符号，一共323字。就是这323个字，经过了十多次大大小小的修改，包括一次推倒重来。

上墙文稿是展厅的灵魂，呈现的是文字，体现的是主旨，是思想和精神。按照合同要求，上墙文案应由展陈设计公司力方集团负责撰写，根据他们的工作时间表直到7月份才把部分上墙文稿拿出来。

早在3月中旬，国旗教育馆建设筹备小组就组建5人文案组，他们是《瑞安日报》王丛伟、瑞安市博物馆陈乐敏、瑞安市档案局、瑞安广电局林勇和瑞安党史办苏珍慧。文案组组长王丛伟看到设计方提供的上墙文稿，顿时傻了眼——文稿在表达方向、文字功底、史实真实性等方面均存在比较大的问题。

经与对方沟通后，决定在原稿基础上进行修改。7月19日，召开第一次文稿审读会，召集了瑞安市相关部门负责人及相关方面的权威人士。

文稿遭到了较大的质疑。与会者有的表达含蓄委婉，有的则言辞比较直接尖锐。

会后，还有老同志给文案组发来长篇建议稿，坦率地表达自己的想法：“一是结构包罗万象，逻辑不严密；二是遣词造句与主题格格不入，有些飘浮；好多章节像朗诵词，个别地方似旅游解说，不够庄重。题目也含糊失当。如：3F　红潮涌动　感悟征程，空洞，有文不对题之嫌；继往开来　砥砺前行，内容不符标题，疏离教育主题；2F　天瑞地安　国旗招展，瑞安国旗招展？有歧义，不严谨。文本总体文风注重讲究优美、气势，给人华而不实之感。结构层次也欠严谨……”

有的老同志还给文案组组长王丛伟发微信，质疑国旗教育馆文案怎么可以忽视革命史？应该把它放在重要位置，浓墨重彩：“面对国旗，身为伴随它成长的一代人中的一员，感慨万千。闻悉瑞安要建一座国旗教育馆，满怀希冀和向往。在认真阅读教育馆展示文稿后，却有一种莫名的失落感，思虑再三，有种骨鲠在喉、不吐不快的压抑……窃以为，国旗的精髓寓意在于：只有共产党的艰苦卓绝追求与奋斗，只有全国各界各族人民同心协力团结一起，紧跟共产党，才能换来新中国的红色江山。那一片红色，是新时代的曙光，更浸透了千百万志士仁人的热血……前事不忘后事之师，才能发挥国旗教育的形象生动作用，收到激励后人之功效。”

这些反馈虽然带有强烈的主观色彩，但一颗颗拳拳热切之心，令人敬重和感动。

7月25日，邵定美主持召开第二次审读会，有人提议，是不是不要邀请个别说法比较偏激的老同志出席会议？王丛伟说还是让他们来吧，可以接受他们的质疑，多听听意见，对展陈文稿的修改提升只有好处没有坏处。

文稿修改后的第二次审读会召开，会上还是有不同声音。

最后决定：上墙文稿不能再满足于修修补补，必须做大幅修改；对争议较大的文稿，推倒重来！

上墙文稿审读一个多月时间，对文案组组长王丛伟来说，是基本无休的四五十天，是煎熬的日子。数次的修改，数次的否定，精神上和自信心备受打击。文案组的成立本是为展馆文案内容和思想把关、提供相关素材，事情发展到这个时候变成了自己动手写稿。

决定“推倒重来”后，王丛伟反倒静下心来，仔细分析上墙文字，逐条梳理几次会议上的建议和意见，狠下心来，对前言和几个展厅的序言，

▲展陈文稿审读会

进行了大幅修改，大部分重新改写。

5个工作日加上周六周日，7天时间的谋篇布局，绞尽脑汁和搜索枯肠地遣字造句，终于完成前言、国旗诞生厅、国旗知识厅、国旗荣耀厅、瑞安发展厅和尾厅等所有上墙文稿的撰写与修改。

这一稿获得了领导和专家的基本认可，随后又是多轮征求各方意见。

这一轮次的修改，主要针对个别用词的调整，也不轻松。对曾联松先生和国旗教育馆的挚爱之情，使大家对上墙文稿要求特别严苛，可以说是锱铢必较，一个字一个字地抠。

由于参与审稿的人员比较多，身份复杂，职务不同，审稿的标准自然也不一样。比如写诗歌散文的与写文史文案的、与写公文材料的，对语言、结构、词性的要求，截然不同；对文本结构和内容的要求，也各有各的看法。

遣字造句方面，有领导认为应该有所收敛，形容词不宜太多；有领导则认为要有气势，要用排比。

感情方面，有人认为应该含蓄内敛，不能过多流露感情；有人则要求感情丰沛，不能过于平实呆板。

“一千个观众眼中，有一千个哈姆雷特”，文艺作品如此，上墙文稿也是如此。

就这样，王丛伟带着文案组4个人，综合各方意见和建议，一段话一个字，不停地增增删删，修修补补。

在与个别文字纠缠纠结的同时，文案组很大的精力还在于对史料的挖掘和考证与甄别，以及对部分史料的纠偏。

因为文稿涉及70多年前国旗诞生期间的方方面面，文案组必须根据内容，深入到每一个点上，挖下去，钻进去，拨开迷雾，发现真相。

瑞安一个小地方，要寻找、考证溯源70多年前全国性事件过程中的细节，没有可以依仗的部门和单位，没有可以请教的专家，只能自己摸索和总结，犹如大海捞针。

有时历尽千辛好不容易找到一个素材或依据，却无法通过权威渠道确定其真实与否，只能弃而不用；有时即使是报纸上刊登的某个“时间”或某件“事件”，也不能迷信，得打上几个问号。

比如搜索报刊，普遍称呼曾联松先生当时国旗设计稿为“红底五星旗”，但是来自市党史办的文案组成员孙珍慧查阅资料发现准确的名称应该是“红地五星旗”。

比如，文案组通过挖掘史料找到一组数据。当时的新政协筹备会第六小组曾把38幅国旗图案给参加会议的政协委员投票，在“较好看和可供参考”的662票中，一号图案，得到了112票；二号77票；三号最多，185票；四号129票。而曾联松的设计稿复字第32号图案，只有15票。可以说当时曾联松先生设计的红地五星旗能够脱颖而出，确实是惊险万分。

负一楼的“文化瑞安”是后来增加的板块，作为瑞安历史文化“门外汉”的文案组组长王丛伟，恶补相关知识，请教有关专家，走访博物馆，拿出了“前言”“永嘉学派”“南戏文化”“晚清新学”“群星璀璨”等几个章节的上墙文稿。

叶艳和谢骁、邵定美等几位领导从一开始就对整篇文案的撰写提供方向性意见，事无巨细地予以指导和把关。作为文案审查把关的总负责人，邵定美为确保工作进度，帮助文案组搜集重要材料，特别是对相关文化名人的历史定位进行准确的描述和拿捏，对涉及的重要历史事件进行分析和校准，对文稿反复进行了逐字逐句的修改和审核。

值得一提的是，审稿的专家团里有一名特殊的贵宾——天安门国旗护卫队队长杜林。国旗教育馆的国旗知识厅里有一块展区是“国旗与天安门广场”，介绍了天安门广场上的旗杆、红旗、升旗仪式的沿革等。文案组从相关书籍中整理了部分资料，送交杜林审定。杜林纠正了其中两处错误，一处是国旗护卫队成立的时间，另一处是现行升旗仪式上国歌的演奏时间。

杜林对国旗教育馆文案组认真细致的工作态度予以充分肯定，他在接受记者采访时说：“现在很多书籍和网站上关于这方面的资料都是错误的。国旗教育馆在资料搜集方面去伪存真，普及国旗知识，传播国旗文化，做了一件大实事。”

经历了近两个月时间及大大小小的十多次审稿会和十几个部门和单位专家的逐字逐句审定，市委宣传部领导叶艳、谢骁和邵定美的最后审查把关，包括由前言、主题展厅序言、结语、各展区的展品说明、10多个视频的解说、后记、大事记、解说词等组成的展陈文稿，在9月2日由温州市政协副主席、瑞安市委书记陈胜峰主持召开的市委专题会议上审核通过。

不过，文稿细节部分的修改润色远没有到此结束，继续一个字一个字地较着劲，一直持续到开馆前夕。

第三章

一心在工地

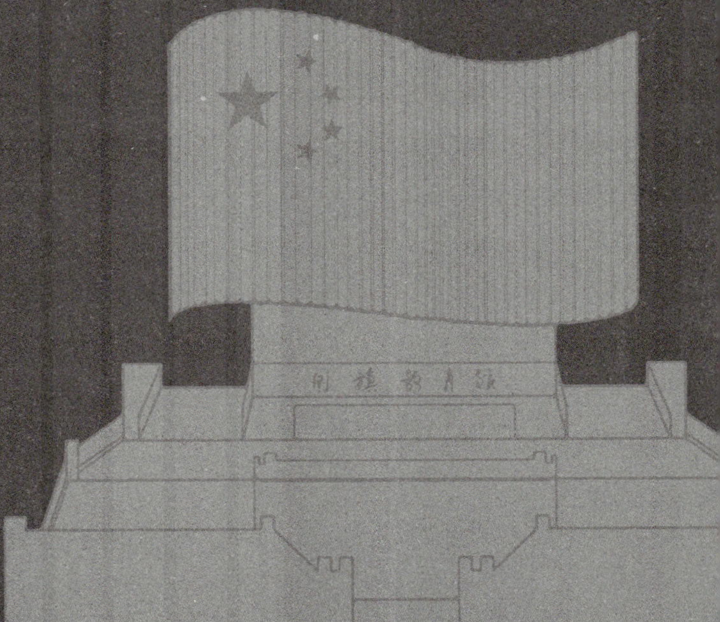

一句问话

建设一座高品质高标准的展馆，按照常规的建设流程，包括规划、审批、施工建设等各种流程一路走下来，大约需要两年时间，但是留给国旗教育馆工程建设者的时间只有六个月——如果国旗教育馆的开馆要“赶上”中华人民共和国成立70周年大庆的话。

负责建设任务的瑞安市名城建设中心主任叶秀敏说：“时间短、任务重，施工场地条件恶劣，建设要求高、标准严，各种不可控的因素无法预料，这是一项难以完成的任务。但是国旗设计者是瑞安人，在新中国成立70周年之际建成国旗教育馆，意义重大，所以这又是一项必须完成的任务。”

叶秀敏先后把土建施工单位老总陈光平、张勇和展陈设计建设单位总设计师姚子刚拉到西山建设现场：“你们各自的工程，两到三个月内能不能完成建设？”

两拨人马不约而同地大摇其头：国旗教育馆建设难度这么大，即使赶工的话最少需要一年时间，我们每个阶段工期，也都要半年到一年时间，两三个月，根本不可能。

叶秀敏说，我们就是要想方设法，把“不可能”变成“可能”。两家施工单位技术人员经过深入调研和探讨，几天后回复说，至少需要三四个月时间。

离目标时间越来越接近了！叶秀敏心里有谱了，再次启发、鼓励他们道：“你们各自的三四个月建设时间里，能不能有部分施工项目可以交叉作业？第一，土建工程建设本身有些工序是不是可以重叠进行？第二，土建工程后期，展陈施工能不能提早进入？”

对方又紧锣密鼓地研究了一阵，回复理论上是可以的，但是从来没有这么做过，愿意在国旗教育馆建设实践中做尝试。

“你们有多少把握？”

“80%。”

从“根本不可能”到“80%”，这里面克服的不仅仅是技术上的难题，更是心理上和思想上的突破！

在陈光平、张勇、姚子刚及管理人员、设计人员、施工人员的心里，参与国旗教育馆建设，与“国家”和“国旗”紧密地联系在一起。这份自豪感和责任感，鼓足了他们的干劲，激励他们克难攻坚，不断超越自己，创造奇迹。

叶秀敏不由得一阵感动：“行！那我们就踩着这‘80%’的底线，去努力！奔着‘100%’的目标，去冲刺！就这么干！”

叶秀敏紧接着和住建、发改等部门对接，得到相关部门的大力支持，考虑在国旗教育馆建设过程中，给予特事特办。随后，叶秀敏将建设方案向市里做了专题汇报。

各方力量开始凝聚，各路精兵强将云集。

叶秀敏亲自挂帅，总工程师池振昶牵头负责，抽调中心和下属公司的骨干力量组队进驻施工现场，时时刻刻督促工程进展，第一时间协调解决问题。

池振昶总工外表看上去柔弱单薄，像个书生，但是工作细致、考虑全面，用叶秀敏的话讲，到了现场，是“文人当武将用”；市名城建设中心名城科科长金雪筠，负责工程监理的管理人员之一，每天十几个小时在工地上指挥奔波，硬是被晒成“黑旋风李逵”一般模样。由于经常在山上，压力大、熬夜多、用餐不规律，池振昶和金雪筠不同程度胃出血。

土建施工单位中亿集团两位老总陈光平和张勇，轮番上山，现场指挥，统筹安排，力争用足每一分钟时间。按他们员工的话讲，国旗教育馆建设工程投资并不大，能令两位老总“泡”在现场，很罕见。老总在现场，效率自然倍增，一旦碰到问题，就能当场解决。比如有几次因为工程建设与附近住户有小摩擦，按照正常程序，应该将情况告知名城建设中心，由中心来解决，但是这样一来工期就耽误了。陈总和张总一挥手，豪气干云：“我们来处理！”于是，矛盾通常就在第一时间、第一现场给化解了。

展陈设计和建设方面，项目总负责李祥飞和设计师袁晓凯，提前到岗，熟悉情况，参与协商探讨。从展陈开始到后来整改，李祥飞一年多绝大部分时间都待在瑞安。90后设计师袁晓凯，上海瑞安两地跑，不是在瑞安，就是在来瑞安的路上。特别是展陈文稿审核期间，袁晓凯基本上都待在瑞安，和文案组一起熬夜，讨论、开会、改方案、与上海总部对接，忙得不可开交。

就像叶秀敏后来所“感动”的：工程建设的故事，3天3夜讲不完，不是某个人忙，而是大家都在忙，几乎所有人都怀着一股神圣的使命感，使出浑身解数，竭尽全力把一个个“不可能”变为“可能”。

▲工程紧张施工中

一点哽咽

叶秀敏不经意地透露了一个信息：李祥飞这个大男人承受不住压力，有一次躲在一边号啕大哭。

李祥飞是力方集团派驻瑞安的项目经理，负责国旗教育馆展陈建设所有事务。他的工作时间是：每一天！

李祥飞于2019年7月15日来到瑞安。他是安徽人，第一次来瑞安很不习惯，“从饮食到空气到盖的被子都不适应，夏天的时候被子都是湿的。”他没想到自己在瑞安待了这么久。

李祥飞一到瑞安就全心全意投入到工作中，从7月中旬来瑞，到11月30日回了一趟上海公司，掐指一算，在瑞安一待已经4个多月，这期间100多天里他一步也没有离开过瑞安。

因为赶工期，国旗教育馆建设过程中不同建设单位、不同工序穿插进行，进度不一定在原来的计划和把控中。李祥飞每天得根据自己这边的工程进展和兄弟单位的具体施工情况，合理安排施工人员进场施工，尽量做到科学分配、快速推进。施工过程中，他从早到晚待在现场，跟踪项目进度，根据实际情况随时作出调整。

工程最紧张的时候是在八九月份，山顶上骄阳似火，没有遮拦地倾泻下来。工人们能少穿衣服尽量少穿，有的甚至光着膀子，李祥飞却总是每天着装讲究，穿着长袖衬衣和西裤，戴着安全帽，在工地上“转悠”，与

工地的建设氛围极不相符。有人不无奇怪地问他干吗每天“装酷”，穿得这么正式？

李祥飞笑笑，没有回答。他自有自己的考虑。他是公司在这里的总负责，有关领导或者部门负责人随时需要他去汇报相关事情，他必须注意自己的形象，第一不能晒得太黑，第二随叫随到。所以，大家经常看到他的长袖白衬衫全部被汗水浸湿，有时还不可避免地沾染上东一块西一块的污渍。

李祥飞的工作，还不是一个“忙”字可以形容，他说怎么忙多辛苦都能撑下去，他的工作压力来自四面八方。

比如，因为工地在山上，所有的材料都得从山下搬运到山上，节假日也都在加班，人工费用超过了预算。工程建设一共用了将近40吨水泥和沙子，全部人工搬运上来，价格最高的时候，一袋沙子搬运到山上需要15元钱，而一袋沙子本身的价格都不到15元。控制成本，不能让公司赔钱，这是集团公司给他的压力。

比如，到最后阶段，各工程队都在赶时间，都希望优先满足己方的施工要求，有时甚至为了争抢施工时间和物料堆放场地，狠狠地吵上一架。李祥飞说作为外地人，在“吵架争论”时很吃亏。这是工作协调带给他的压力。

再比如，由于展陈方案部分项目边施工边设计，个别展项一改再改未确定下来，所以工程推进进度不尽如人意。能否在最后时刻顺利完成任务，仍是未知数。这是建设进度带给他的压力，也是最大的压力。

在种种压力下，使他在一次名城建设中心向叶秀敏等人汇报工作时，说到伤心处，说了一句“你们不理解我的难处！”然后“哭了”。

事后有人求证这件事，李祥飞碍于面子死活不承认这件事，说“没有哭，不过确实有些委屈难过，说话有一点哽咽”。

李祥飞和其他设计、施工人员及管理人员不同，其他人在国旗教育馆开馆后陆续撤离了瑞安，但因为国旗教育馆建设项目尚未验收，李祥飞还需留在瑞安。所以，工程建设期间他没有休息，开馆后他也没有时间休息，忙碌着展馆设施的整修与完善。上面提到他在瑞安4个多月才回上海公司，在上海待了几天后，他又回到瑞安，一直待到2020年1月22日，也就是农历大年二十八才回安徽老家过年。

李祥飞在瑞安待久了，大家都跟他开玩笑，干脆在瑞安娶个媳妇，做瑞安女婿得了。

李祥飞说：“可以啊！”

一顿痛哭

李祥飞有没有“号啕大哭”这件事成了一个谜，但另一个人确实痛痛快快地哭了一场。她是李祥飞的同事，力方集团的设计师袁晓凯。

90后的袁晓凯，是一位身材高挑、长相秀美的南方姑娘。她名义上是设计师，专业做策划，但到了瑞安后，角色不知不觉地发生了变化，不仅国旗教育馆立面设计方案文本需要她来对接和修改，跟展陈相关的所有项目和细节，包括初期的建筑基础设计，到中期的平面设计、空间设计、材料使用，再到后期的视频对接等等，全程参与，无形中成为力方集团与瑞安方的沟通代言人。几个月下来，她给人的印象好像什么活都懂都能干，而且干得都还很不错。

对此，袁晓凯说得很实在，说自己好奇心比较强，爱学习，碰到什么不懂的，马上去问马上去学。“更重要的是，从‘客服’的角度来讲，你们作为我们的服务对象，肯定不希望对接许多的关口，不希望第一件事找这个人，第二件事找那个人，第三件事又去找另外一个人，这样几个人之间需要重新互相了解，重新适应对方的沟通方式、工作方式和工作习惯，沟通成本自然大大增加，所以我就把自己当作统一的入口和出口，统一接收你们的信息和要求，然后再把它分解给其他项目组和同事。”

这么做的结果，就是把自己弄得“忙上加忙”。三四个月时间里，她平均每月往返瑞安和上海四五次；一半时间在瑞安听取各方意见和建议，能修改的自己动手及时修改；一半时间回上海公司反馈和对接各项目细节的修改和方案的完善。

袁晓凯2018年结婚，婚房就在上海。2019年下半年开始，她绝大部分时间都投入到国旗教育馆项目里，经常性出差，高强度工作，使她长时间处在紧绷的状态。她先生平时也忙，不在家，所以有时她从瑞安回到上海也不能见先生一面；有时好不容易碰上一面，因为还处在工作状态，情绪不是很好，先生难免抱怨几句，两人会吵起架来。“不过我老公大体上还是理解我尊重我的工作！”袁晓凯说。

最让袁晓凯欣慰和最让他人羡慕的是，她竟然出现在中央电视台《新闻联播》里，甚至还播出同期声采访。

国旗教育馆开馆那天，她在展馆里瞪大眼睛注意着每个展项的呈现情况，特别是观察几个视频是不是都在顺利播放。电视台记者在现场“逮”住她采访了她，当时她并不在意，说了一大段话也没怎么放在心上。傍晚回到宾馆整个人已经累趴下，和同事躺在床上休息。

这时有消息传来，说央视《新闻联播》很有可能会播报国旗教育馆开馆的新闻，她们很好奇很兴奋地打开电视机，边看电视边聊天。

晚上7点整，《新闻联播》准时开播，播放到尾声时，电视屏幕上出现了国旗教育馆的画面。袁晓凯兴奋地从床上坐起来，目不转睛地观看。

突然，新闻解说稿里提到了“袁晓凯”3个字、电视屏幕上出现了她的出镜采访画面：“我们可以让所有的参观者，无论晴天还是阴天雨天，都可以在场馆中庭体验庄严的升旗仪式。”

▲央视《新闻联播》袁晓凯接受采访截屏

她骤然看到自己出现在电视里，形容自己

“当时心跳都漏拍了”。

在整条1分07秒的新闻里，她的出镜时间虽然只有五六秒，却羡煞旁人！更让她感动的事情还在后面——他先生在上海同步看到了新闻采访，截屏了她接受采访的画面，动情地写了一段话：

忙碌的9月，我在加班，你在出差。视频比见面多，电话比微信多。看你镜头前自信的样子，只有我知道是多少努力换来的，为你开心，为你骄傲。我的眼里你最美，爱你！

袁晓凯看到先生发在朋友圈里的这段话，感觉几个月里所有的努力与付出，都有了回报，累积的所有压力和委屈，在那一瞬间全部得到释放，烟消云散了。

她控制不住自己的情绪，趴在床上，一顿痛哭。

一间陋室

西山脚下原瑞安剧院的一角，有一间临时办公室，十几平方米里面摆放着几张办公桌，一扇破旧的门，没有窗户。国旗教育馆动工兴建时，市名城建设中心成立国旗教育馆建设攻坚小组，为了便于开展工作，借用市越剧团一间废弃的房间稍作整改，项目攻坚组负责人、文化名城科科长金雪�及组员李丹、胡勇等人入驻办公。后来监理单位浙江工程建设管理有限公司的监理人员金康、程茂武也看中这里的地理位置优势，将办公地点设在这里。

按照名城建设中心总工程师池振昶的话讲，将办公室设在这里目的很明确：离国旗教育馆近，跑上跑下方便。

从办公室出来，走上一段斜坡和几十级台阶，就是国旗教育馆建设现场。这间陋室见证了两个管理团队的忙碌与付出。

每天早上，攻坚组成员们每天都会来到这里，就项目的进展、可能遇到的问题，进行对接协调。池振昶说："由于工期压缩在五六个月内必须完成，各个工序建设速度加快，矛盾和问题接踵而至。每时每刻，只要一发现问题，我们立即在现场协调解决，现场一时无法解决的，移到山脚下的临时办公点，召集人员分析研究，破解难题，确保施工生产全过程及各个层面、各道工序在第一时间顺利进行。一旦第一个问题不及时解决，很有可能累积下来，出现第二个第三个问题，最终影响到最终开馆时间，因此都是以争分夺秒的态度去解决每个问题。”

“每天要打几百个电话，手机都打烫了，一有机会就要充电，声音也哑了。”金雪�说。从4月进驻工地以来，专班成员池振昶、金雪筠、李丹、胡勇等人没休息过几天。5月上旬，因三餐不规律、压力大、免疫力下降，金雪筠住院一星期调理身体，刚出院就出现在国旗教育馆的建设工地上。

在半年的建设过程中，作为专班负责人，池振昶基本每天到现场，有时一站一个上午，在抓好施工质量、安全和进度的同时，还要做好周边住户安抚工作和政策处理工作，其间由于工作压力太大，一度住院治疗，出院后再次投入到工作中。

最忙最赶的八九月份，建设施工时间从早上6点到晚上十一二点钟。他们和工人一起上班一起下班，每天十几个小时待在工地上。有时他们工作时间比施工人员还要长，下班后还要接着处理协调其他事务，有时夜深了，干脆不回家，直接睡在办公室一张好像从垃圾回收站回收过来的破旧沙发上。

身体累，更累的是心。临近工程建设后期，几支工程队都在加班加点加快进度，最忙碌的时候，土建、景观、展陈、钢结构四个工序多支施工队同时进场施工，施工队和施工队之间的矛盾和摩擦越来越多。

比如工程进展方面，土建施工方没有完成，导致展陈施工方的钢结构无法进场施工，面临工程延期问题，后者急得怒火攻心，责问如果因为这个原因导致工程无法按期完成，“责任由谁来负？”

比如物料堆放，几个施工队同时施工必然会有许许多多的物料需要准备和堆放，但是施工现场场地狭小，土建单位一旦占用了空地，展陈施工的物料就没地方落脚，大家都很着急，火气都很猛。比如展陈装潢施工过程中，水泥和砖块等占据了一大块场地，后到的铝板幕墙就没法装卸落地。

这就非常考验攻坚专班小组的协调能力，在简陋的办公室里，他们绞尽脑汁地像解方程式一样解难题。“我们差点崩溃了！”池振昶说。

欣慰的是大家都是冲着“国旗教育馆如期完工”这个终极目标而去，所以最后也都围绕这个“大局”，情愿或者不情愿地接受协调，在统一安排下有序地展开工作。

“塔巴”在马来西亚意为一种淡水鱼。9月中下旬，第17号台风“塔巴”就像它名称来源的那条淡水鱼被扔进了海洋里，整个儿晕头转向，不知所措地在东海中部海面徘徊，线路飘忽不定，强度忽强忽弱，令人捉摸不透。这时离国旗教育馆开馆时间只有一周左右时间，台风的走势令人牵肠挂肚。它会不会在瑞安附近登陆？会不会给国旗教育馆带来影响？

在台风临近登陆的那天晚上，李丹和胡勇在山脚下办公室里值班，密切关注台风路径。当天夜里，行踪不定的“塔巴”虽然在东海中部逐渐转向北偏东方向移动，对瑞安沿海的威胁逐渐减少，但是瑞安风力仍然强劲，大雨如注。凌晨2点多钟，风雨稍小，李丹和胡勇不放心，穿上雨衣雨靴出了办公室，前往展馆查看情况。从办公室到展馆的两三百米斜坡和台阶上水流奔涌而下，颇为湍急。强风携带劲雨，吹刮得两人难以立足。两人相扶相携着艰难地顶风冒雨蹚水，好不容易进入展馆内，一路巡查，到了四楼顶层阳台，发现几个排水管管口被杂物阻塞，阳台上积满雨水，一旦再涨高，漫过楼面，极有可能倾泻到三楼的展厅里，后果将不堪设想。

两人来不及细想，冲进滂沱大雨中，弯下身双手搜索、扒拉着排水管管口的杂物。随着杂物的清理，管道畅通，积水渐渐消退，李丹和胡勇身上已经湿透，在风雨中瑟瑟发抖。

“虽然我们很讨厌这间狭小的办公室，但是如果工程结束，有一天我们撤离这个办公室，会很舍不得！”李丹、胡勇和金康都有同样的感觉。他们3人在“陋室”里办公的时间最长，从2019年三四月份搬进来以后，一坐就是一年多时间。“在这里，我们尝遍了苦辣酸甜，经历了喜怒哀乐，结下了深厚感情。”

一条底线

国旗教育馆工程项目采取EPC模式，即乙方按照合同约定需对工程建设项目的设计、采购、施工、质量、安全、试运行等实行全过程负责。总包合同中指定浙江工程建设管理有限公司作为监理单位，负责施工进度、质量和安全方面的工作。

国旗教育馆在工程建设过程中，创新采用EAS项目管理系统，实现工程有专组、项目有专班、工序有专人，每日汇报工作进度。瑞安市名城建设中心主要领导每日实时监控EAS项目管理系统，发现进度未跟上计划，立马增加人员或加班加点，抢回“延后”的时间。

这当中，会不会出现因为抢时间抢进度而忽略了过程与质量？

“我们决不允许这样的事情发生！我们名城建设中心在现场的任务，是质量和进度一起抓，而且把质量放在第一位，这是我们的底线！在这点上，各个施工单位和我们是一样的想法，大家都知道没有质量就没有后面的一切。”池振昶说。

按质量管控流程规范，首先对进场材料进行严格检查，检查合格后才能正常使用；现场施工的过程，按规范过程严格要求。

即使在攻坚阶段，名城建设中心、施工单位、监理单位，雷打不动地每周召开两次专题会议，既讨论进度问题，也研究质量与安全问题，每次会后形成一份会议纪要。

监理单位浙江工程建设管理有限公司派遣的金康、程茂武，作为施工现场监理人员，深感责任重大，不敢有丝毫懈怠，他们和建设人员一起上工地下工地，对进场的材料严格把关，全程跟踪，使施工单位树立质量意识。有一次在检查中发现部分电线电缆型号与设计图纸上的要求不一致。经过核实后，他们第一时间将该情况上报建设单位，最终监督建设单位更换了这批材料。

除了监理单位两名专职监理人员，名城建设中心的建设专班也把质量监督作为重中之重的工作。池振昶和李丹、胡勇每次一到工地，除了协调进度，就是对施工安全和过程质量千叮咛万嘱咐。发现脚手架搭建不规范，马上要求注意细节；发现材料不合格，马上责令整改。比如在后期检查中发现防火板不符合要求，虽然当时工期比较紧，还是责令对方无条件更换材料，把已经上墙的二级防火板整改为一级材料。

“我们的职责之一就是提前发现问题材料，提前监督对方更正，避免不合格不合规的材料使用于工程建设后再整改，这样不仅给施工单位带来损失，而且影响国旗教育馆工程进展。”他们很清楚自己肩上的责任。

为了有效监管，监理人员有时要比施工人员提早上工地，延后下工地。金康和程茂武是外地人，最忙的八九月份，他们没有回过一趟家。那段时间，忙起来从上午6点到半夜都要坚守在工地。下了工地后，拖着疲惫的身体，本来想到山脚下简陋的办公室休息几分钟缓一下劲再去宾馆休息，没想到一沾上座椅就不想起身，有时干脆不去旅馆，就在简陋的办公室囫囵睡一觉，第二天一大早又往工地上去。

来自湖北武汉的金康对自己能够参与全国首家国旗教育馆建设倍感自豪，这也时时刻刻提醒他工作中一定要仔细认真，不可放过任何一个细小的瑕疵。他说：“国旗教育馆建设项目只有保质保量地顺利完成，我们付出的辛苦才值得、才有意义。”

一种感动

按照正常时间表本需两年的工期，工程建设方扛下压力，硬是用6个月左右时间完成了看似“不可能完成的任务”，刷新“瑞安速度”。

关于国旗教育馆建设的难点，池振昶总结最大的困难有五点。

第一，建设时间紧促。国旗教育馆2019年2月份确定建筑方案，4月份进场施工，9月28日完成建设并试开馆，将原需要两年的工期压缩至不到6个月。工程基本是日夜赶工，极大地增加了工程安全、质量管理的难度。因工期的限制，工程基本是边出图纸边施工，不能有丝毫的差错和返工，对建设方、设计方、施工方都是严峻的考验。

第二，材料运输困难。国旗教育馆位于西山山顶，施工车辆、材料无法直接到达现场，需通过多次运输，转运至施工现场，增加了时间和费用成本。

第三，施工场地狭小。山顶场地狭小，没有足够材料堆放场地，需要根据施工进度，不断地腾挪空间，对施工组织要求高，大大增加了施工难度。

第四，工程项目复杂。该工程包含主体建筑、内部展陈和附属工程。由于工期紧张，土建施工尚未完成，展陈工程就需开工进场，综合协调难度大。考虑到地标建筑外形的要求，工程采用钢筋混凝土钢框架结构，外部采用铝板幕墙，对施工工艺要求高，施工难度大。

第五，周边协调工作难。工程建设现场位于老城区，施工场地周边房屋质量差，且居住的基本为老年人，施工期间对周边民众和房屋产生较大影响。在管理好工程的同时，还需要做好周边住户的工作，避免阻碍施工的情况发生。

叶秀敏说他在整个建设过程中，处于两种状态：压力与感动。

压力不言而喻，所幸的是，有一种感动时时相伴。叶秀敏总结了4大感动之处。

因高效作风而感动。从2018年11月中旬，市委常委、宣传部部长叶艳第一次向叶秀敏透露瑞安将筹建国旗教育馆，了解选址问题，到市委书记陈胜峰亲自带队考察备选地址，直至上海同济大学同增设计院在2019年初完成概念设计，仅仅两个月时间就完成了前期准备工作。据叶秀敏了解，这在瑞安市重大工程建设上，速度是最快的。说明瑞安各级领导、各相关部门认识上的高度统一，行动上的高度一致，可谓心往一处想，劲往一处使，从一开始就体现了“瑞安作风”和“瑞安速度”，为此后工程建设树立了榜样。这种高效率的行政作风，让人感动。

因凝心聚力而感动。工程进度和工程质量是建设国旗教育馆的“命脉”，怎样在有限的时间内，利用现有的人力、物力保质保量完成建设任务？国旗教育馆的设计、建设、监理单位拧成了一股绳，形成了一个亲密合作、密不可分的建设团队。由于工期关系，采取边出图纸边施工的方式，难免在施工过程中出现“不顺畅”的情况，甚至出现个别返工现象，特别是后期三四个工序同时开工抢时间，也有磕磕碰碰，甚至发生矛盾，期间虽难免有怨言，但最终大家都能以大局为重，以工程质量和工期为重，凝心聚力，科学安排，奔向同一个目标。

因克难攻坚而感动。当初，叶秀敏带着建设团队来到瑞安西山上，大家一齐发蒙。因为他们发现，在西山上建国旗教育馆，场地狭小，重型机械上不来，不到2亩的施工平台很难展开拳脚。但是，所谓兵来将挡、水来土掩，一个个难题最终被踩在脚下：大型工程车辆无法直接开到山上进行施工，那么就暂时将沿线山路进行临时铺垫；两台大型30吨吊机无法直接上山，那么就在山脚把部件拆卸掉，化整为零，运到施工现场，再组装；国旗教育馆的52根桩机，每打下一个地桩，工人们就要手工挖出10多米深的桩洞；工期赶，采用了国内先进的EAS项目管理系统，图纸、施工、优化程序同步推进；土建、景观、展陈、钢结构四个工序的施工组织同步开工。

▲大型吊机在山顶工作

办法总比困难多！这句话在这里得到了一次次圆满的诠释。

因敢于担当而感动。“不可能完成的任务”最终“如期完成”，肯定在某些方面有所突破，也就是说采取了“非常规”的办法。这意味着必须突破某些条条框框——有“突破”，就有风险。让叶秀敏感动的是，上至市领导下至有关部门的担当精神。市委书记陈胜峰、市长麻胜聪密切关注工程进展，多次召开四套班子领导会议听取方案、进程汇报。市委常委施巨耀作为分管领导，每周召开一次协调会，为国旗教育馆的建设及时处理各类政策、审批问题，住建、发改等有关部门特事特办，保障了整个建设进度在绿色通道中高速高效推进。

一份爱心

“来来来！大家过来吃早餐、喝杯豆浆吧。”

“大家休息一会，吃块西瓜解解渴吧。”

在国旗教育馆建设工地，清晨、下午或者夜晚，经常有一群穿着红马甲的志愿者上山，给紧张工作的一线施工人员送上热腾腾的早餐或清凉解

▲市委常委施巨耀慰问工程建设者

渴的西瓜，送上一份爱心。天气最炎热的那几天，市领导施巨耀、叶艳来到建设现场，亲手将一份份清凉的慰问品递到建设者手中。

赤日几时过，清风无处寻。7月中下旬以来，瑞安进入高温天气，气温经常突破35℃高温线。国旗教育馆施工现场的建筑工人顶着闷热和酷暑，紧锣密鼓地作业。烈日当空，施工人员或在高空中焊接，电光飞溅；或在空地上切割，尘灰飞扬；或在室内浇筑，汗珠飞洒。他们衣服湿了又干，干了又湿，有时候衣服上甚至不知不觉地留下一层白白的盐花。

瑞安的领导干部和群众没有忘记烈日下辛勤的建设者。市文明中心组织开展“我为国旗添光彩”志愿服务系列活动，玉海街道和社区也组织开展了向建设者献爱心活动。

红马甲成为闪耀在建设现场的一道亮丽风景线。

市文明中心副主任陈福春说，国旗教育馆建设工作时间紧、任务重，建筑工人在高温酷暑下仍旧坚守一线，为国旗教育馆的建设添砖加瓦，为了感谢他们的辛勤付出，我市越来越多的志愿者送来慰问品，这是对国旗教育馆建设的一种支持、对国旗教育馆施工人员的一种关爱。

8月16日上午，瑞安市壹元爱心公益服务中心志愿者送来300斤西瓜和30箱面包，市崇德慈爱站的义工们送来一箱又一箱热气腾腾的早餐，市常善公益服务中心为现场施工人员分发毛巾、香皂等日用品；殿巷社区党员志愿队也在施工现场设置伏茶点，方便施工人员饮用茶水。

志愿者们在现场听闻建设者们的动人事迹后，深受感动，嘱咐他们高温作业时一定要注意自身健康和安全，不要疲劳上岗。同时他们许下一个承诺：“从现在起到国旗教育馆建成开馆，工程建设者们的早餐和夜点，我们全部承包了。”

后来，玉海街道宾阳门社区党员志愿服务队等也加入其中，爱心队伍不断壮大，共有300余名志愿者参与这项“承包”活动。

市文明中心未成年人道德科负责人钟金燕深有感触地说，志愿者们很注意细节。项目有150多位建设工人，志愿者购买毛巾、清凉油、白花油等慰问品时，一定会买150多份，即使现场有个别工人不在，也要留下几份，保证人手一份。

国旗教育馆施工现场在山顶，车开不上去，志愿者们手抬肩扛，把爱心物资运上去。一个大西瓜10多斤重，他们就一趟一个来来回回地抱上去。

西山虽不高，但负重爬山也很吃力，往往一趟下来身上全是汗水。“我们的爱心物资都要送个十几趟，搬完之后我们也累瘫在地上，但是看到山上为建设国旗教育馆努力工作的工人兄弟，我们觉得很值得。他们太辛苦，太累了。”瑞安市壹元爱心公益服务中心志愿者说。

第四章 展品会说话

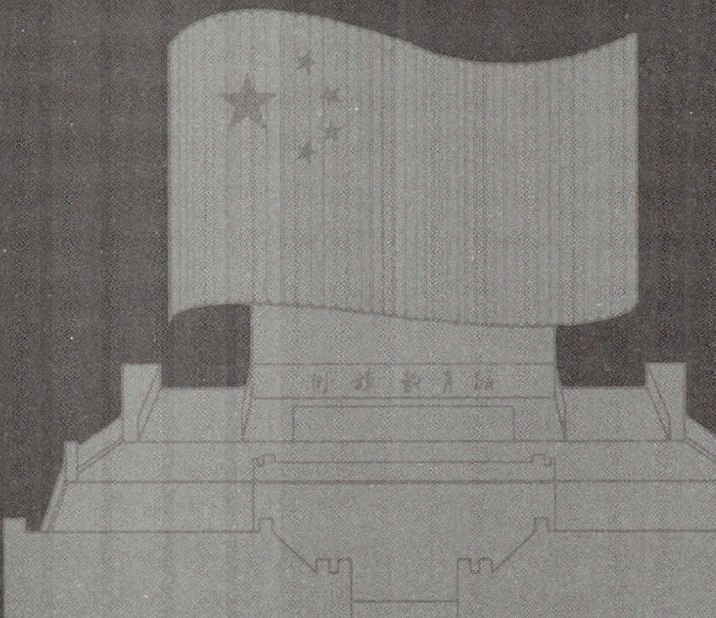

一面红旗

2019年5月10日凌晨，天未放亮，北京天安门广场上已经围观了上万人。因为是周六，前来观看升旗仪式的人数较多，陆陆续续有人从外围进入核心区。有不少人昨天晚上就来到这里，抢占有利位置。灯光映照着人们兴奋的脸庞。直到天边出现熹微的光芒，灯光的亮色静静褪去，广播里唱响了《义勇军进行曲》。

接近5点钟，高亢激越的升旗号角划破长空，广场上上万双目光望向天安门城楼方向。96名解放军仪仗队队员组成的护旗方队，迈着正步威武地行进而来。

站在后面的群众，虽然看不到仪仗部队，但听到一阵铿锵有力、整齐划一的脚步声，由远及近，响彻广场，震撼人心。

走在编队正中间的战士擎着国旗，目光坚定、脚步稳健、英姿勃发。

1步、2步……96步后，护旗方队行进至国旗区面向国旗分区站立，擎旗手和两名护旗手齐步走上基座。

“向国旗——敬礼！”口令声响起，军乐团奏响《义勇军进行曲》。擎旗手奋力挥动右臂，将鲜艳的五星红旗抛向天空。

长5米、高3.33米的国旗在空中抛出一个漂亮的弧度，5颗黄色五角星瞬间全部展露。

迎着首都的第一缕晨曦，五星红旗冉冉升起。全场上万名从全国各地赶来的群众热血沸腾，群情激昂，同声高唱国歌。“起来，不愿做奴隶的人们，把我们的血肉，筑成我们新的长城……”

46秒钟后，国旗升至杆顶，人群中持续爆发出如潮的掌声和欢呼声。32.6米高的旗杆上，鲜艳的五星红旗迎风飘扬。

——4个多月后的9月28日，这面巨幅五星红旗，出现在距北京千里之外的国旗教育馆里。

全国第一家集国旗科普、红色教育、特色文化为一体的爱国主义教育综合展示馆——国旗教育馆在这天建成开馆。在二楼“国旗知识厅”，一面墙体全部被安装为玻璃橱窗。橱窗里，一面硕大的五星红旗平平整整地铺陈在人们眼前。许许多多参观者为之震撼，为之惊叹不已，纷纷在这幅国旗前合影留念，流连忘返。

讲解员站在这面五星红旗下向来宾讲解的时候，心情特别自豪，声音不由自主地提高了几个分贝：

大家现在看到的，是我们国旗教育馆的镇馆之宝！为什么说它是镇馆之宝？因为我们瑞安的和平解放日是1949年5月10日，而展现在大家面前的这面五星红旗，在瑞安和平解放整整70周年之后，也就是今年的5月10日，在北京天安门广场上冉冉升起。这面国旗的编号为2019-0046。据我们了解，在天安门广场上升起过的五星红旗，一般都不往外赠送，而赠送给县级市，有史以来是第一次。我们国旗教育馆有幸取得的这面国旗，真是珍贵之极……

国旗教育馆筹建之初，就有一个念头萦绕在筹建者心中：国旗教育馆既然以国旗为主题，必须拥有一面具有特殊意义的国旗！

2019年3月份，叶艳一行通过在京的一名瑞安老乡，辗转联系上北京天安门地区管委会负责人。该负责人听说国旗设计者曾联松家乡瑞安要建设国旗教育馆，很赞赏也很支持。双方进行越来越深入的沟通后，顺利地达成口头赠送协议：天安门管委会愿意赠送在天安门广场上升起过的一面五星红旗给国旗教育馆。

这是一个莫大的惊喜。叶艳等人欣喜不已，他们暂且按捺住内心的喜悦，与对方就这一话题继续探讨，双方初步拟定在以下3个时间点中挑选一面在天安门广场上升起的五星红旗：2019年10月1日、9月27日和5月10日。

这3个日期都具有特殊的重要意义，10月1日为国庆，而且是70周年庆；9月27日也颇有意义，1949年9月27日，全国政协第一届全体会议通过中华人民共和国国旗为五星红旗（红地五星旗）；5月10日，对瑞安来说是个特殊的日子，1949年5月10日，瑞安和平解放，迎来崭新的生活。

由于当时已经确定瑞安国旗教育馆要力争在10月1日国庆节前开馆，所以“10月1日的国旗”在时间条件上无法满足要求，最后经过慎重考虑，最终选定为“5月10日”在天安门广场上升起的那面国旗。

6月上旬，北京天安门管委会通知瑞安派人前来领取国旗。

6月14日晚上，瑞安市委宣传部宣传教育科科长郭金雷临时接到通知：温州市政协副主席、瑞安市委书记陈胜峰将赴京接收国旗，需要一个装旗的盒子。

“时间很赶，来不及定做，我只能根据国旗的样子和质地改制了一个。”郭金雷连夜找到床品四件套的纸盒，请广告公司设计一张“瑞安国旗教育馆收藏”的纸样贴在纸盒上，简易版的国旗存纳盒就算完成了。为了保证存纳盒在运输过程中不受损坏，他们将存纳盒放入行李箱一路带到北京。同时带过去的，还有特意制作的收藏证书。

按照固有流程，天安门广场上升起过的国旗，均由北京市人民政府天安门地区管理委员会统一编号保管，极少“流传”到外面，天安门地区管委会有史以来也仅仅向漠河、西沙群岛等少数几个特殊地域赠送过国旗，而向县级市赠旗，并无先例。因此，天安门管委会也非常重视，特地举行了赠旗仪式。

6月15日，陈胜峰和叶艳、谢骁等赴北京，从天安门地区管委会主任费宝岐手中接过赠旗。

▲陈胜峰等领导接受国旗证书

除赠旗之外，还附上一页证书。证书确认了国旗的特殊身份。

证书

编号2019-0046的国旗于二〇一九年五月十日至五月十二日在天安门广场国旗杆悬挂使用。

北京市人民政府天安门地区管理委员会

二〇一九年五月十二日

双方还签订了《赠予天安门广场国旗的使用协议书》。让人惊喜的是，对方准备很充分，提供了放国旗的专用木盒。这面国旗到了瑞安之后，被放入了瑞安博物馆临时存放，国旗教育馆开馆前夕才取出存入橱窗。

就这样，这面5月10日至5月12日在北京天安门广场上高高飘扬、编号为2019-0046的五星红旗，作为第一面赠予县级市的天安门国旗，从北京远道而来，永久陈列在国旗教育馆展柜，成为“镇馆之宝”。它既是天安门地区管委会对国旗教育馆开馆的祝贺，也诠释了70年里瑞安的历史巨变和伟大成就，更是向中华人民共和国成立70周年致敬的珍贵礼物。

一座雕像

乘风秋日走燕台，香拥红旗桂蕊开。
巧夺天工遗玉宇，叨陪盛典粹英才。
霞帔牛斗留诗去，铠甲山河入画来。
更喜月明燕赵夜，高歌万户一新醅。

——1950年10月1日，曾联松先生应全国政协的邀请参加国庆庆典，之后他兴奋难抑创作了两首诗，一首为《入选吟》，另一首就是上面的《赴京观礼》。

创作此诗一年多之前的1949年夏天，在上海虹口区山阴路145弄6号小阁楼里，32岁的曾联松苦思冥想，反复推敲，终于完成“红地五星旗”的绝妙设计。历经曲折惊险，该国旗图案从2992幅设计稿中脱颖而出。曾联检松把自己的名字镌刻在中华人民共和国国旗设计者的荣誉榜上，实现了“一国之旗取自小百姓”草根逆袭。

70年之后，当曾联松的家乡瑞安筹划建设国旗教育馆时，如何宣扬曾联松先生的事迹、如何呈现曾联松先生的形象，一直是个重要的议题。当初在征求社会各界意见和建议时，曾有人建议要把国旗教育馆建成曾联松纪念馆，后来这个想法虽然没有被采纳，并不表示曾联松先生不重要，所以在展陈设计方——力方集团提交的展陈设计稿中，曾联松先生一直是主要的人物展陈内容，且在重要的展厅重要的位置。不过最初的设计并非曾联松人物雕塑实物，而是采用半景展示的方式，墙面上动态展示曾联松正埋笔创作，整体空间以曾联松设计国旗时的草稿、创作元素等进行点缀，还原曾联松在国旗设计之初的苦恼与创作灵感来临时的惊喜。

后几经调整，确定为人物雕像，安放在国旗诞生厅入口的正中间位置，参观者进入第一个主题展厅第一眼看到的就是曾联松先生雕像。

设计方案中，曾联松先生（高1.7米，材料为铜雕或白雕）站在一张书桌后，手持画笔，对着桌上的图稿做沉思状，还原曾联松设计国旗的场景，以曾联松先生创作时期的手稿元素作为吊顶装饰。

雕像放置的位置很突出，给予了曾联松先生应有的特殊地位，但在曾联松先生形象设计方面比较普通，没有亮点，而且身材本就略显消瘦的曾联松先生好像“掉”到了这个环境中，没有表现出“曾联松先生”作为国旗设计者的“高大”和“伟岸”。

6月中旬一个偶然的机会，叶艳得到这么一个消息：有位国内著名的雕像大师，也姓曾，温州人。她当即布置给文案组组长王丛伟一个任务，要求他不管通过什么渠道、什么办法，一定要找到这位雕塑大师，邀请他为曾联松先生创作雕像。

王丛伟通过相关渠道联系上温州曾子文化促进会理事长曾一勤先生，从曾一勤口中得知那位“国内著名的雕像大师”姓曾名成钢。

搜索有关资料，发现这位“曾成钢”真是位“大腕”，国内雕塑界数一数二的顶尖人物。公开资料显示：曾成钢，温州平阳人，现任中国美术家协会副主席、中国雕塑学会会长、清华大学美术学院教授、雕塑系主任及世界温州人联谊总会第二届理事会常务理事。1998年被中国文联评为“德艺双馨”艺术家，2000年被评为“浙江省十大杰出青年”。2005年被评为全国“四个一批”人才，2007年获国务院“政府特殊津贴”。2007年至今担任中国雕塑学会会长。

曾一勤跟曾成钢教授相识，知道他最近在忙国家层面的一个迎国庆大型雕塑创作活动，而且还有不少省市约他创作雕像。曾一勤很热情，主动提出跟曾教授联系，探探他的口风。

一个星期过去，曾一勤那边还没有得到曾成钢教授确认的信息，于是王丛伟征得曾一勤同意，直接与曾成钢教授取得联系，发送了曾联松先生及国旗教育馆的有关资料，向他阐述瑞安建设国旗教育馆的初衷及曾联松先生之于展馆的重要性，希望他百忙之中为温州乡贤挥洒灵感，创作雕像。

随着曾成钢教授对曾联松先生的深入了解，经过一番思考，头脑里隐隐约约地树立起了曾联松先生的形象，萌发了创作的冲动。7月初，他正式告知王丛伟，愿意接下曾联松雕像的创作任务。

7月16日，邵定美、欧兴俊和王丛伟赴京拜访曾成钢教授，与曾教授一起就曾联松雕像的创作做进一步深入细致的沟通交流。

曾成钢教授谈起曾联松先生，眉飞色舞，滔滔不绝，发自肺腑地说："曾联松先生是个天才，是个神！是上天派他下来送给我们新兴的共和国一份伟大的礼物！"

显而易见，曾成钢教授已经慢慢地接近他的创作对象，亲近他的创作对象，与曾联松先生开始了一场心灵对话。

这个时候，离预定的国庆节期间“国旗教育馆”开馆时间不到三个月，曾成钢教授能找到灵感吗？曾联松雕像能够顺利按时完成吗？

国旗设计者曾联松先生的故乡瑞安，已有两处曾联松先生雕像。

在瑞安外滩曾联松广场，曾联松铜像常吸引游人驻足：红色的花岗岩基座，古铜铸就的身姿，戴着眼镜，穿着中山装，举首凝眸，似在仰望天空构思五星红旗，似在眺望天际那一抹金色的曙光。

在百年名校瑞安中学，曾联松先生早年就读和任教的母校有一个“国旗园”。曾联松的石雕像在青松翠柏间挺立。石雕为曾联松的半身像，以他设计国旗时期的照片为蓝本，手握铅笔，凝神而思，背景为五星红旗造型。石雕前绿草成茵，安放着青石纪念碑。

2019年9月底，瑞安拥有了第三座曾联松先生雕像。走进国旗教育馆二楼国旗诞生厅，一座曾联松先生铸铜作品迎面而来：身体前倾、微微仰头、手中拿着纸笺……这座作品高2.15米、重达一吨，体现的正是曾联松仰望星空、构思国旗图案、灵感迸发瞬间的形象。

——它就是曾成钢教授的作品《国旗设计者》。

曾成钢教授说，曾联松先生曾说过，设计国旗其实是一种欢呼新中国诞生的喜悦，是他热切爱国的激情使然。正是这种蓬勃的爱国热忱，给了他设计灵感。

曾成钢教授和他的学生参考了各方提供的照片、文字资料，并根据其家人的回忆，提炼出曾联松设计国旗时的年龄、状态、生活场景，开始着手构思。

“根据收集来的素材理解人物是创作的关键一环，关于曾联松的资料其实并不多，这给我们带来不少困难。”曾成钢曾久久不能进入状态，直到有一天，一个形象和场景突然浮现在他眼前：1949年的酷暑季节，一位32岁的热血青年正在经历一个挥汗如雨、伏案描摹、如痴如醉的夜晚，他默默无闻，却充满着爱国激情，新中国的国旗即将在他手下诞生。

“怀揣着对祖国人民的热爱，那一瞬间，五星红旗的设计灵感肯定如星辰一般，划过了曾联松的脑海。”曾成钢满怀深情地展开肆意想象的翅膀。

根据了解和掌握的情况，曾成钢教授设计了两个版本的泥塑小稿，第一个是较为舒适的坐姿，第二个是抓取灵感时精神集中的坐姿。他把两个设计方案发给瑞国旗教育馆文案组和上海展陈设计人员，征求各方意见后决定以第二个设计方案为基础做进一步修改完善。瑞安市委宣传部建议其征求曾联松先生子女的建议和意见。随后，三方结合国旗教育馆现场面积和环境、布局，针对雕像高度、姿势及观赏角度，就雕像的创作等问题多次进行探讨和完善。其中曾成钢教授和他的学生们根据曾联松先生后人的意见，还对雕塑的坐姿角度进行了调整，让他的胸膛更挺拔。修改后的版本最终得到了曾联松先生后人和瑞安及上海设计方的一致认可。

小稿通过后，下一步是在北京曾成钢教授的工作室进行放大，也就是将40厘米高的泥塑小稿放大到2.15米。放大，是一个深化作品的过程，

▲放大后的曾联松雕像泥稿

要将人物表情、肢体语言等细节突出，并根据那个时代的特征，丰富衣着，加入西洋台灯、转椅等环境内容。

在雕塑创作过程中，国旗设计者的形象在曾成钢心中愈加丰满，曾联松的爱国情怀不仅滋养了灵感的花朵，更在曾成钢心中产生了共鸣。

他带领着李利、于国光、赵峰、王健权等多名学生，组成攻坚团队，挑灯赶工，有时候抬头休整时已天色微明。

9月23日，雕像创作顺利完成。9月24日晚上，1吨多重的雕塑顺利从山西运城一路跋涉来到瑞安，25日抵达并开始安装。这个时候，离9月28日国旗教育馆开馆只有两三天时间，展馆内基本布置就绪，高大沉重的雕像好不容易从山脚运到山上，如何从一楼运抵二楼安放处却成了一个大难题。一开始从楼梯往上运，竟然压坏了几级台阶；尝试从电梯里托运，电梯的空间安放不下庞然大物；从中庭或者外面往二楼起吊，这两处均已处于封闭状态，此路不通。几番尝试失败，急坏了负责路途押运和现场安装的李立，最后在现场人员的帮助下，再次尝试通过楼梯一级一级往上挪，

▲曾联松雕像安放过程

▲国旗教育馆诞生厅曾联松雕像

终于艰难地将雕像抬至二楼，晚上安装摆放到位。

当《国旗设计者》雕像被安放在展厅之后，现场空间立刻生动起来，厚重起来，仿佛拥有了一根定海神针。

雕像艺术地呈现曾联松先生在70年前思考设计的场景：年轻的脸庞向上仰视，智慧的目光凝望星空，嘴唇微启，右手握笔、左手拿着草稿本，两袖挽起，坐姿稍稍前倾……灵感，就在这一刻迸发，闪耀出永不消逝的璀璨光芒。

一行馆名

“发扬爱国精神”“红旗如画”“童蒙教育开风气”“旅馆”……上面这几组字，乍一看，杂乱无章，不明所以。它们是从曾联松写给友人的多封手迹信件中分别取字组合成了“国旗教育馆”牌匾题字。

曾联松先生生平有两大爱好：作诗和练字。在瑞安初中就读时，他受到美术老师、画家金作镐的熏陶，对书画产生了浓厚的兴趣，经常在课余时间练画习字，打下扎实的书法功底和美术基础。高中时，迷上了于右任书法，购字帖临习，以至于写信、修改文稿也多用毛笔。笔架吊挂着的各种毛笔和放置一旁的砚台，是他书桌上的标配。

国旗教育馆开始建设时，尚未确定馆名，当时有几个备选名字：瑞安国旗馆、瑞安国旗展示馆、瑞安国旗教育馆。经商讨，并征求温州市委常委、宣传部部长胡剑谨的意见后，确定“以国旗为内容，立足爱国主义教育”，取名“国旗教育馆”。

确定馆名后，由谁来题字？大家不约而同地想到寻找曾联松先生的字。文案组组长王丛伟接下了这项任务。一开始，他上网搜索曾联松先生的书法作品，但是没有找全也没有合适的。

当时市纪委派驻第四纪检组副组长夏海豹正在创作曾联松先生传记《致敬五星红旗》。温州日报社沈智毅先生及其夫人张帆女士来到瑞安，带来了他们珍藏了几十年的曾联松先生写给沈智毅岳父胡云棣的信件真迹，共有三四十封，弥足珍贵。王从伟如获至宝，将一大沓信件拿到办公室，埋头在信件中，寻宝一样地搜索相关文字。

胡云棣是曾联松先生的学生，1948年毕业于瑞安中学，在校时师生关系密切。写诗填词是两人的共同爱好，这批信件来往于20世纪80年代到90年代初，大部分内容就是双方围绕诗歌创作方面的探讨和切磋。两人创作的诗歌中，有不少围绕五星红旗的题材。曾联松先生爱国爱乡爱朋友的情怀，满溢于信纸之上，令人感动。

对学生，他给予勉励："长征新途，正需你们多作贡献。"

对朋友，他给予关切："能者多劳，注意劳逸结合。"

朋友去世，他痛惜："海角天涯同憔悴，高山流水失知音。"

国庆，他赋诗："国庆红旗招展，中秋皓月晶莹；人间天上春相逢，佳节良辰好景……"

母校瑞中百年诞辰，他庆贺："玉海耸碧空，东南邹鲁中；西风来海外，绝学喜相逢……"

胡云棣当时在温州市教育局工作，在书信往来中，"教育"两个字有几十个；"国"字也有好几个；原来以为"馆"字很难在通信中出现，没想到正好有一封信，写到胡云棣身体欠佳，来上海治病，曾联松叮嘱他，带介绍信来上海时，介绍信上最好写"工作业务"，不要说来治病，不然的话，"旅馆会拒绝入住"。所以就有了一个"馆"字。

没想到最后卡在"旗"字上。因为当时流行简体字，曾联松先生写信，对此比较随意，一封信里，有的是标准汉字；有的是繁体字，比如"国"字，有"国"也有"國"；有的是简体字，比如"旗"，右下的"其"，都写成了"斤"，没有一个是标准规范的"旗"。从网络上寻找，也是简体字。后来没有办法，把其他字里的"其"拿过来，替换掉"斤"，凑成了一个标准的"旗"。

然后，把这些零零散散的字，交给瑞安书法家蔡海啸等人和上海设计方，让他们拼接。根据他们的拼接效果，再作调整，最终将"国旗教育馆"题字呈现在大家面前。

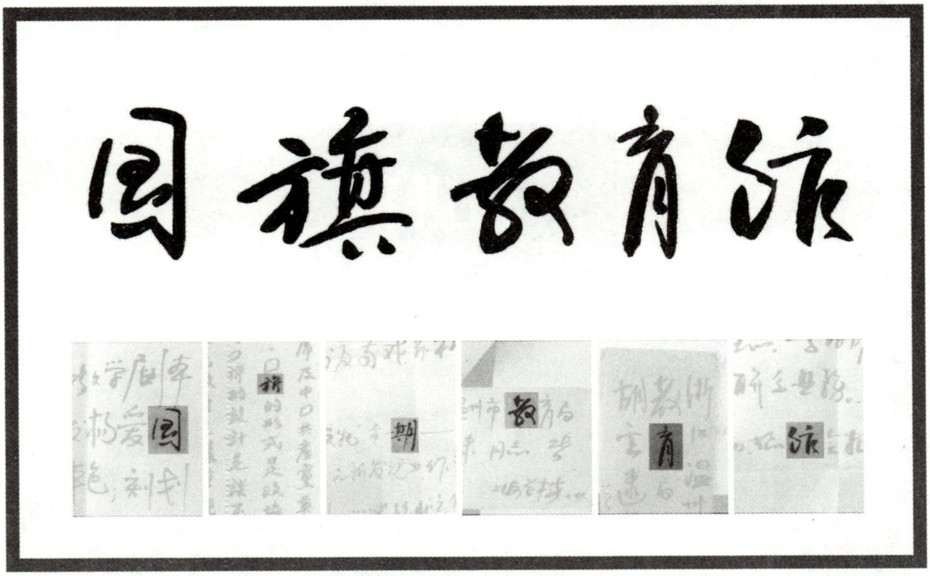

▲曾联松信件扫描件及馆名拼字

挂牌开馆后，从国家博物馆和中央档案馆复制过来的资料也汇集到国旗教育馆，里面有曾联松设计国旗图案的原稿复印件，曾联松应征图案的封面上，赫然写着“国旗国徽国歌应征稿”，上面的“国旗”的“旗”字，正是规范的“旗”字的写法。

不管如何，搜寻曾联松手迹的过程，有了深入了解这位国旗设计者的另一个渠道，让他从满纸书香里走出来，带着儒雅，带着微笑，带着诚挚，带着从砚墨笔端扑面而来的爱。而以曾联松先生的笔迹来“撰写”国旗教育馆馆名，带着一份特殊的亲近和深厚的情感，也为国旗教育馆增添了一份重要意义。

一份讲稿

“我将五星结体排成椭圆形，像海棠之叶，寓表疆土版图；四颗小星则兼指四千年历史和文化；星呈黄色象征黄色人种。最后设计五星在旗面上的位置。我剪好大小五颗星，在旗面安排各种布局，注意大小呼应，疏密相间。当安置到左上方时，顿感全局豁然开朗，眼前星辰金碧辉煌，神州河山辽阔。凝视这个图案，我感觉庄严而显华丽，简明而具气势，顿时兴奋得手舞足蹈……”

曾联松先生设计五星红旗时的经过和心境，在《风展红旗如画——介绍五星红旗》里一一呈现。这本书稿，由曾联松先生的外甥女张美珍老人赠送给国旗教育馆收藏。

张美珍老人1940年出生于瑞安城关，曾联松离开瑞安时，她不到10岁，此后舅甥两人以电话和书信方式多有联系，留下不少信件，二十世纪七八十年代张美珍搬迁频繁，许多书信都已遗失。听闻瑞安建设国旗教育馆的消息，张美珍老人非常兴奋，在国旗教育馆建成开馆之际，将一批保存了三四十年之久的珍贵资料，捐献给国旗教育馆。这批赠品中，有曾联松亲笔签名赠送的书稿《风展红旗如画》、1幅亲笔诗作及释文、2张照片、7张书法作品照片等。

“借这次瑞安国旗教育馆建成的机会，我想把这些保存了30多年之久的珍贵资料，捐献给国旗教育馆保管，希望让更多的家乡人了解五星红旗，了解曾联松，纪念曾联松。”80岁的张美珍老人动情地说。

其中《风展红旗如画——介绍五星红旗》讲稿是曾联松回忆撰写构思、设计五星红旗的心路历程。张美珍捐献的书稿是未出版前的初稿，是当时曾联松特地赠送给她的。

此外还有一幅书法作品，上面书写的是郑板桥的一首诗，“敢云少少许，胜人多多许。努力作秋声，瑶窗弄风雨。”

▲叶艳与张美珍等人在捐赠现场合影

曾联松生怕张美珍对诗句理解不够透彻，还特意附注了释文，让她对“敢云少少许，胜人多多许”的含义有所领悟。

2019年9月6日，远在山东的93岁老人沈夏淦委托他的晚辈李爱娜女士，将一本国旗设计者曾联松亲笔签名的爱国主义教育资料《国旗　国徽　国歌　版图　首都》捐赠给在建的国旗教育馆。

沈夏淦老人是在6月份得知家乡瑞安正在筹建国旗教育馆，深受触动，再三考虑，联系了在瑞安的晚辈李爱娜，让她代为转交这本珍贵的签名本。

沈夏淦1928年出生于瑞安城关，与曾联松是表兄弟关系，1944年至1947年，曾联松曾在瑞安中学执教历史时，沈夏淦又是他的学生。

小册子《国旗　国徽　国歌　版图　首都》是1990年沈夏淦和妻子袁翠陵一起去探望曾联松时，曾联松赠送给他们夫妇的。当时表兄弟见面格外高兴，在这之前，他们已经几十年没见过面了。

“当时他已经71岁高龄，人很瘦，但是精神状态很好。”沈夏淦回忆，曾联松兴致勃勃地拿出《国旗　国徽　国歌　版图　首都》送给他，并在扉页用毛笔书写“沈夏淦　袁翠陵乡亲惠存”10个字，盖上红色的印章。

“这本书非常珍贵，书中有一篇《五星红旗是怎样设计出来的》，是曾联松撰写的，也是他第一次公开发表自己如何设计五星红旗的文章。”沈夏淦说，“我一直珍藏着这本书，如今希望它呈现在大家面前。”

▲叶艳向李爱娜颁发捐赠证书

由于年事已高，路途遥远，沈夏淦老人委托在瑞的李爱娜，代为转交。9月6日，李爱娜手捧阿公沈夏淦加急寄来的快递，来到了市政大院迎宾厅。在大家的见证下，李爱娜戴着白手套，从快递信件中取出了一枚红彤彤的信封，信封里就是那本薄薄的《国旗　国徽　国歌　版图　首都》。李爱娜解释说，阿公寄信来的时候，对我千叮咛万嘱咐，交代取放这本书要戴白手套，由此可见他对它的珍爱。

沈夏淦老人为这本书亲手裁制一个信封，还找好友用毛笔在封面上写了一行字——赠给：瑞安市国旗教育馆　山东沈夏淦敬赠　2019.9。

一枚魔方

一个小巧的魔方，一双灵巧的手不停地顺滑地转啊转，魔方不断地变化着图案，不断地完善着图案，渐渐地，呈现出完整的立体效果：一面是国旗教育馆的外立面，其他几面是24字社会主义核心价值观。孩子发出惊喜的欢呼。

——这是国旗教育馆上百件文创产品之一。通过文化创意产品放大和延伸国旗教育馆的教育功能，为参观者架起一座沟通文化的桥梁、奉献一场红色文化盛宴，是市委宣传部领导一直思考的方向：让参观者参观之后，再把文创产品带回家，通过国旗教育馆文化创意产品，传播国旗文化！

常务副部长谢骁带着文化科科长李立新，参加上海长三角博览会，搜集最新的文创礼品信息；走访浙江浦江县礼品企业，了解企业产品和生产情况。谢骁说："文化产品必须有创意，我们必须借鉴外部地区和企业最先进最时尚的文创礼品，为我所有。"

市委宣传部多次召集瑞安知名文创企业负责人开展座谈，围绕五星红旗和国旗教育馆，探讨如何深度挖掘其核心文化，对那些最能体现其精神的符号进行整合提取，再经过设计开发，创造出最能展现国旗教育馆精神内涵的文创产品。

温州易品智和文化创意有限公司牵头负责此次文创衍生品的开发。该公司一方面结合馆内的展陈内容，对国旗元素深度挖掘设计，另一方面借鉴、改造市面上其他优秀红色文创产品。

“开发是基于国旗教育馆自身的独特定位，以及红色文创的新理念进行的，要兼顾设计美学和国旗内涵，为了最终的呈现效果，很多细节都要反复去抠。”公司负责人陈亮说，比如一个印有“不忘初心”字样的红色陶瓷杯，因为杯身上的“中国红”不够正，光是调色就返工了很多次。一般一类产品的开发周期是20天，可这个杯子因为“抠颜色”，足用了两个月才完成。

首批入驻的国旗教育馆文创衍生品包含了徽章、邮品、文具、摆件、器物，以及结合本土文化企业产品定制开发的专属产品等六大类目。精工细作有之，巧思创新有之。上面提到的社会主义核心价值观魔方以及国旗拼图，就是本土龙头文化企业奥光集团为国旗教育馆开发特制并首次亮相的文创作品。文创品中，本土非遗蓝夹缬用自身独特技艺印染出五星红旗，代表着国旗设计者的家乡人民赤诚爱国拳拳之心。此外，还有展示红色经典与国庆70周年纪念相关的红色文创品，都呈现了各自精彩。

市委宣传部还提早谋划，与瑞安邮政联系，筹划推出纪念邮折。他们和瑞安邮政负责人多次商讨研究，确定瑞安元素，最大限度地体现瑞安文化和地域特征。最后的设计稿确定，这件邮折中，中空用的是国旗教育馆效果图的附票，周围被8枚国旗图案的主票以及8枚个性化附票所环绕。8枚附票图案分别为瑞安中学、飞云江姐妹桥、外滩、利济医学堂、玉海楼、隆山塔、国家非物质文化遗产木活字和藤牌舞，巧妙地将国旗和瑞安文化紧紧结合在一起。

“这套邮折用了两个半月时间设计制作，因为瑞安和国旗的特殊联系，我们在设计时融入了一个亮点。”瑞安市邮政分公司集邮与文化传媒部负责人翁士宴介绍，邮折中特别加入了2004年9月30日，在瑞安举行首发式的《中华人民共和国国旗国徽》特种邮票，“单独在某个地区首发邮票的情况并不多，温州此前举行过首发式的也就只有雁荡山、楠溪江等几个山水名胜地，所以此次加入国旗国徽的特种邮票，将进一步提升这本邮折的发行意义和收藏价值。”

9月28日国旗教育馆开馆当天，首批1000多套“瑞安市国旗教育馆开馆纪念”邮折同步首发。

▲市领导向瑞安各界代表赠送“瑞安市国旗教育馆开馆纪念”邮折

第五章 开馆进行时

一个日期

1949年9月27日，在北京召开的中国人民政治协商会议第一届全体会议上，周恩来同志代表会议主席团，提出国旗、国徽、国歌辞谱等四个决议草案，请出席政协一届全体会议的代表进行表决。决议草案中，有关国旗的部分是："中华人民共和国国旗为红地五星旗，象征中国革命人民大团结。"出席会议的全体代表，一致通过了上述决议。

9月28日，《人民日报》刊载新华社消息，"红地五星旗"改称为"五星红旗"。这一天，中华人民共和国国旗——"五星红旗"这个称号，第一次出现在国人及世界人民面前，是个非常值得纪念的日子。

2019年9月中旬，国旗教育馆专题会议初定国旗教育馆开馆日为"9月28日"——即"五星红旗"见报70周年纪念日。

即使离开馆日只有10多天时间，还只能"初定"而不能"确定"。因为各个工序还在交叉施工，齐头并进；工程建设者正在加班加点，日夜赶工。但谁也无法保证，十几天后能否顺利开馆迎客。

叶秀敏在会上瞪着因熬夜而挂着血丝的眼珠，用略带嘶哑的声音说："8月份之前，我们要求工程施工以'天数'来安排时间；8月份之后，以'小时'来安排时间；现在不用我们提醒，施工队工程进度安排已经细化到'这10分钟''这半个小时'做什么事情。但是不确定的因素还是太多。"

这些不确定因素，包括材料能否及时到位？各工序穿插施工能否严丝合缝？天公作不作美？根据气象预报，9月中下旬西北太平洋面及南海海域将有三个台风生成，名字都发布出来了，叫“琵琶”“塔巴”“米娜”。

▲国旗教育馆建设工地工人就餐剪影

9月28日，这个日子犹如高高悬挂了一面令旗。令旗一挥，三军齐声呐喊，奋勇当先。

工地上，各工序梳理剩余工程，查找重点难点，调整排班，倒计时争分夺秒做最后冲刺，以一个个无眠之夜，展开一场无缝对接的“接力赛”。

国旗教育馆外围四个方向被红色金属铝板所包围，这是国旗教育馆的最大亮点之一，也是国旗教育馆对外的形象标志，但是最后一批幕墙却迟迟不到位，建设施工单位几个负责人惊出一身冷汗。施工班组负责人朱景壮受命火速前往江苏，直接与厂家面对面对接材料事宜，叮嘱他们无论如何要赶出货来。朱景壮前一天晚上10时许才从工地上下来，第二天上午6点就起床，赶7点20分的动车，到厂家与老板沟通确认无误，又坐动车回瑞，因为动车无坐票，一路站着到了温州动车站，下车后没走几步，浑身酸软无力，一下子眩晕，眼前一黑，“啪”地摔倒在地，不省人事。瑞安这边闻讯，叫了120救护车把他接过来。入院检查表明是由于劳累过度而导致，人没事了，但肋骨断了3根。

9月25日清晨，江苏生产厂家终于传来消息，定做的最后一批幕墙已经装车，当天下午运达瑞安。

瑞安这边接到讯息，马上安排当天的建设进度表：20名装搭工人连夜待命，材料一旦到位，立马开工安装。26日，国旗教育馆最后一面幕墙安装到位，朱景壮这时才真正松了一口气说："我也算不辱使命，达到目的了。"

幕墙顺利安装完毕后，即刻动手拆除外墙脚手架，施工现场的清理工作也同步开展。时间不等人，后天上午就要开馆了。

▲2019年9月25日夜，国旗教育馆建设现场

外面幕墙的安装提前两天完成，一楼序厅升旗大屏幕和国歌墙的安装，也在开馆前两天晚上初步完成，但直到9月28日凌晨才结束调试。

国歌墙高度达15米，其背后支撑着超高的钢结构背架。由于涉及高空危险作业，每次只能上去一两名工作人员。大理石石材的木活字雕刻单元板从山脚运到山顶后，还需人工结合吊装机械进行现场高空拼接，拼接过程中，任何一块单元板出错都会造成返工，经历了一周多时间没日没夜无间歇的拼装，国歌墙终于落成，但由于多块弧形单元板之间的拼接形成缝隙，施工班组耗费了3天时间对石材面层进行多次打磨才算大功告成。

而此时，国歌墙的后端集成工作才刚刚开始。一楼序厅的亮点是巨大的升旗屏幕和国歌墙，亮点中的亮点是巨幅屏幕上播放升旗仪式奏响国歌时，国歌墙上的木活字随着国歌的旋律有节奏地律动起来。

那么如何实现以上效果？联动每句歌词发光是力方集团展陈项目集成班组此次国旗教育馆项目需完成的首要任务，在现场交叉施工、电路尚未形成闭环的情况下，集成班组反复调试直至开馆前夕才顺利无误地点亮了国歌墙，后又再三检测调试直到次日凌晨，确保开馆时能升国旗、奏国歌，国歌墙上的木活字能随着雄壮的国歌声有节奏地律动起来。

一种氛围

●解放中路、解放南路

（1）造型设置：5号五星红旗斜插；数量：共104杆；

（2）造型设置：一杆国旗，一杆70周年LOGO+文明标语；数量：共7杆。

●西山脚

造型设置：国旗道旗；数量：3杆。

……

——这是国旗教育馆开馆期间周边氛围营造方案的一段内容。

国旗教育馆地处老城区中心位置，解放路及附近道路狭窄，拥堵严重，违章建筑、电线线路乱搭乱建多，街容街貌老旧参差，环境卫生管理难度大。针对这种情况，属地玉海街道在国旗教育馆建设期间就组织力量，加强打造西山区域良好的街景市貌。街道书记和主任领衔，相关班子成员分工牵头负责政策处理、维稳安保、环境整治、宣传氛围营造等工作。

玉海街道和市名城建设中心一起，对周边民房进行政策处理，组织联合综合执法，对国旗教育馆周边及山脚的违章搭建逐个排查、分析情况，清理拆除了违章建筑50余处。对山脚路口及南门三期历史遗留问题比较多的构建物及违章建筑，进行多轮统一整治或拆除。对部分无序凌乱的通信、广电线路进行梳理，对个别弱电线路采用“上改下”，从地面改到地下，使西山片区整体环境迈上一个新的台阶。

从9月11日开始，玉海街道启动“迎国庆·保平安”专项行动誓师大会暨2019年度平安大巡防活动。街道全体机关干部、社区干部、各基层站所、派出所协辅警、消防户管员260余人全面动员，国旗教育馆及周边地段列为重点区域，进行重点巡防。街道主任沈林海等领导亲自带队巡查万松路、解放中路、解放南路、滨江外滩、飞云西路等国旗教育馆周边区域。

市委宣传部副部长刘玉庭具体牵头负责开馆期间的国旗教育馆安保和环境整治、宣传氛围营造等相关问题对接和落实到位。开馆前，刘玉庭和市公安局治安大队、交警大队、综合执法部门及属地玉海街道、玉海派出所等保持密切联系，衔接相关细节和问题。

随着开馆日的临近，周边环境进入到绿化美化和氛围营造阶段，刘玉庭和玉海街道分管领导陈永法、瞿晓华等实地探访万松路、解放路、外滩滨江大道等沿路环境卫生及交通实况，掌握第一手资料，强化环境卫生提升整治，部署落实相关措施。

刘玉庭根据“与新中国同成长，与新时代共奋进”主题，精心策划在万松路、滨江大道、虹桥路、解放路等市区主干道悬挂国旗道旗及LED视频播放、大型广告牌宣传等。

陈永法介绍，国旗教育馆周边的绿化包括解放南路防空洞处上去的沿路盆栽，采取发包形式，由第三方进场，他那几天盯着施工队要求加班加点，保证开馆前完成沿路美化工作。

街道宣传委员瞿晓华一直协助市委宣传部做好主干道两边道旗、沿路公益广告宣传制作和悬挂张贴，营造了浓厚的喜庆氛围。

针对国旗教育馆内部尚处于“未竣工验收”状态（国旗教育馆未完成全部装修工程，属于试开放阶段），刘玉庭一方面抓紧制定国旗教育馆《安保和管理方案》，落实安保力量；一方面，带着国旗教育馆负责人王从伟（文案组工作完成后，转为负责国旗教育馆管理与运行），一层层一处处地仔细查漏补缺，特别对安全通道、楼梯走道、配用电用房、栏杆等隐患点严密查看把关。负一楼和顶楼暂未对外开放，安排保安人员加强看护，防止出现意外。

26日下午，市委宣传部主持召开由公安局、玉海街道及相关社区负责人参加的会议，全面分析排查各个环节及可能存在的问题，制定预案。

市公安局成立由公安局党委委员、治安大队大队长方顺宽为组长的安保领导小组，下设现场安保组、外围警戒组、交通管制组、应急处置组，层层设防，从滨江大道和万松路、解放中路等地开始实施管理。

环境尽善尽美，安保万无一失——这是大家共同努力的目标。

一个通宵

2019年9月27日晚，对参与国旗教育馆建设的许许多多人来说，注定是一个不眠之夜。

已经忙忙碌碌了一天，等待着次日上午9点钟的历史性时刻：国旗教育馆开馆！

似乎，所有事情都完成了；又似乎，有很多很多事情都没有着落。

于是乎，天刚擦黑，不约而同地，陆陆续续地有人上来了：市委宣传部叶艳、谢骁、刘玉庭、郭金雷，名城建设中心叶秀敏、池振昶，展陈项目组李祥飞、袁晓凯，文案组王丛伟、蔡林春、林勇等等。市委宣传部党总支发动全体党员，开展环境卫生大扫除活动，国旗教育馆内外，红马甲在灯光下和夜色中闪动。

展馆外广场清扫结束后，叶艳亲自指导调整入口两侧铺设的红地毯。

随后，叶艳带着一群人，一遍遍地审视着每一个环节。展馆内，灯火通明，大部分工作已经落幕，但仍有工人在做着最后的检修和检测。

一楼序厅巨大的升旗屏幕里，五星红旗高高飘扬。15米×8.5米巨幅屏幕上的升旗仪式，是国旗教育馆最大的亮点，也是入馆参观最先声夺人的一个环节，一下子就将参观者带入到特定的氛围中。但是，这里也是最难把控的一个环节。巨大的屏幕由几百块小屏幕拼接而成，每块小屏幕后面连接着一条线路，每条线路的接口就是一个隐患，技术人员在屏幕后狭小的空间里做着最后的检查和测试。

升旗大屏幕斜对面的国歌墙，也让人不省心。就在几个小时前，国歌墙在预演时不能同步跟着国歌的旋律律动起来，负责该项目的力方集团后端集成技术人员异常紧张，不断地调试，确保次日上午开馆期间万无一失。

这时，在二楼负责展陈布置的袁晓凯与工人发生了争执。

原来袁晓凯在检查展品布设时，发现国旗诞生厅展柜里的复印件放置不平整，有些边边角角出现卷边卷角情况。这种情况一般需要用电熨斗小心熨平，目前展馆里条件不允许，袁晓凯让工人去五金商店买些夹子或大头针之类的，临时救急处理一下。工人们不乐意了，说这么晚了商店都关门了，卷起来就让它卷起来，又不是什么大问题。袁晓凯坚持说，你们这样做就是不过关的。

工人们干脆一摊手说我没办法了。袁晓凯急了，跺脚道："你们没办法，我去找！找到了看你们还有什么话说！"此时已是晚上8点多钟，她拉着另一名设计师，几乎跑遍了老城区，才找到一家还开着的五金店，买到合适的用品，急急地回到展馆，和工人一起，把三四十张复印件一一熨平，整齐铺放。

那天晚上，很多人都是半夜十一二点才离开展馆。那时，升旗大屏幕和国歌墙还在继续调试中。大伙儿人虽然回去了，但第二天开馆仪式的许多细节，仍然枝枝蔓蔓地牵挂在人们的心头。

袁晓凯因为协调、检测国旗大屏和国歌墙的同步调试，回到饭店已经凌晨2点多钟，草草地洗漱一番，在床上躺了两个多小时，心里总是搁着事，5点钟就起床出了宾馆。

这时天色仍昏暗，街上渺无人迹，她打车去展馆。展馆内依然灯火通明，一直没有熄灭。几名工人在打扫卫生，保安在巡视展馆，调试升旗屏幕和国歌墙的技术员打着哈欠，但是脸上挂着如释重负的笑意。

袁晓凯询问现场情况，并与上海总部技术人员对接后得知，一夜调试下来，无论升旗大屏还是国歌墙，现在应该是状况最好的时候，可以拍着胸膛保证几个小时后的大屏幕升旗仪式和国歌墙能够顺利呈现出应有的效果。

天微微亮，许多人连续赶来，为国旗教育馆开馆的事前前后后地忙碌开来。站在国旗教育馆向远方眺望，红彤彤的太阳跃出海平线，阳光慢慢地张开眼睛，热情地遥望大地。

这是崭新的一天。

一份荣耀

9月28日上午，国旗教育馆如期开馆！

西山之巅，东南西北四个方向呈现的巨幅五星红旗在阳光下涌动着金色与红色交织的神圣而耀眼的光芒，数百名各界人士代表来到现场见证全国第一个综合性国旗教育馆的落成。市四套班子领导陈胜峰、麻胜聪、叶建辉、管秀云为展馆揭幕，市委副书记、市长麻胜聪主持开馆仪式。

当天，上千人分批次进入国旗教育馆，成为国旗教育馆首批参观者。

因受第18号台风“米娜”影响，国旗教育馆开馆后闭馆数日，10月1日20时30分，“米娜”在舟山市普陀区沿海登陆后，向北而去，与瑞安影响渐小。当晚，市里决定，10月2日国旗教育馆重新开馆迎客。

决定一下达，各方马上行动起来。市委宣传部常务副部长谢骁，副部长刘玉庭，公安局党委委员、治安大队大队长方顺宽，公安局党委委员、交警大队大队长叶挺辉等召开紧急会议。当天晚上的会议，分析考虑到每一个细节及每一个突发状况的应对策略，制定了详尽的预案，会议一直持续到11时许。

从开馆之日到国庆假期结束，国旗教育馆迎来六七万参观者。虽然开馆时间是每天早上8点半，但很多参观者7点左右就在门口排队等候入场。参观者队伍从国旗教育馆门口一直延伸到解放路防空洞台阶处。国旗教育馆一夜爆红，成为网红打卡点。

从国庆期间参观实际情况看，人数之多超出原来的预案。因未雨绸缪，即使参观人员爆满，但是无论馆内馆外，井然有序。

这背后，自然是各方力量的辛勤付出。

玉海街道办、社区干群、玉海派出所、治安大队、交警人员根据预案，及时增派人手，各负其责，人员调派有条不紊。市委宣传部建立国庆值班制度，每天安排一位宣传部领导到国旗教育馆值班，工作人员放弃休假，轮流到现场管理。按照规定，每天宣传部的值班人员必须在开馆前1小时到达国旗教育馆，闭馆后才能离开。

原定每批次参观人员最多不超过200人，参观时间不超过半小时，但是由于参观者众多，展馆外、楼梯上、几个小平台，都站满了等候入馆的人，最多时聚集了2000多名等候参观的群众。台风后的天气晴热，烈日当空，观众往往需要一两个小时甚至三四个小时的等候。有人说，国旗教育馆重现了参观上海世博会时排队候场的壮观场景。

现场指挥的刘玉庭、方顺宽等人发现情况不妙，一方面通知相关人员，增加卡点，疏散人流；另一方面，提早开馆时间，入馆展馆参观时间从半小时缩短至15至20分钟，加快人员流动。几项措施下来，及时缓解了参观人员集聚压力。

国庆假期第3天，刘玉庭在巡查时发现参观人群中出现大批小学生，经打听，原来市教育局为了加强学生爱国主义教育，丰富国庆假期生活，要求学生参观国旗教育馆，有的学校老师还布置了作文任务，所以造成学生参观者激增现象。

考虑到节假日期间国旗教育馆参观者众多，人流高峰期排队就要两三个小时，给学生身体和安全带来负面影响。刘玉庭马上与市教育局负责人联系，商议是否可以采取“降温”措施。市教育局马上“叫停”相关要求，并通过教师群、家长群，希望家长暂时不要带孩子参观国旗教育馆，从而避免了安全隐患。

浙江明道保安服务公司负责人邢战敏是国旗教育馆内部安保负责人，原来计划10月2日带着老婆和女儿去江苏旅游，10月1日晚上10时市委宣传部来了一个紧急电话，通知他第二天开馆，并要求保安从原来的10名增加到100名。谁来协调这100名保安？邢战敏思来想去不放心，将2日前往江苏的动车票给退了，亲自驻守现场指挥调度。

玉海派出所从开馆之日起每天派出20多名警力在展馆门口、华侨电影院、防空洞等关键地段维持秩序，所长谢智勇指导、帮助现场保安合理设置卡点和隔离带，有效疏散人流。

玉海街道除了出动街道干群外，还组织永胜门社区、镇海门社区、殿巷社区干部，分别把守通向国旗教育馆的飞云西路、解放南路、登高巷3条通道，一起维持秩序。来自镇海门社区的工作人员张中英等人放弃休息时间，协助维持解放南路防空洞这条路上的参观秩序。她说：“太阳很猛，路面发烫，身上发烫，心里也发热。一开始人太多了，很拥堵，我们很紧张，担心出事，喊得声音都嘶哑了，后来我们想到一个办法，把温馨提示的内容录了音，通过广播播放。”

“很辛苦，但很值得，国旗教育馆坐落在我们瑞安，是我们瑞安人的荣耀，能够为国旗教育馆开馆贡献一份微薄力量，是我们每个人的荣耀！”他们都这么说。

一条新闻

“今天上午，位于浙江瑞安的国旗教育馆举行开馆仪式，并向公众免费开放，这也是全国首家以国旗为主题的爱国主义教育综合展示馆。国旗教育馆坐落于瑞安西山之巅，以‘天圆地方，天瑞地安；鼎盛中华，红旗飘扬’为设计主题……”

2019年9月28日晚7时20多分，随着中央电视台《新闻联播》节目播出《全国首家国旗教育馆在温州瑞安开馆》，千里之外，守候在电视机前的瑞安各路人马，喜不自禁，许多台电视机前都响起了热烈的掌声。

市委宣传部部长叶艳、副部长陈锦海、新闻科科长钱丽琼等人心头一直悬挂着的一块巨石，也陡然放下。就在《新闻联播》出现国旗教育馆画面的前一秒钟，谁也不知道国旗教育馆开馆的消息能不能上《新闻联播》？以什么方式播报？时间有多长？

这条时长1分07秒的单条新闻，是瑞安有史以来在央视《新闻联播》栏目播报时间最长最具分量的一篇报道。

央视的一炮巨响，犹如春雷炸开，拉开了国旗教育馆宣传报道的帷幕。随着国旗教育馆的开馆，相关报道在全国各级媒体各个平台全面开花，占据着重要版面。瑞安，从未像现在这样，迅速吸引全国人民的眼球。

国旗教育馆开工建设以来，由于存在诸多不确定因素，不能确保10月

1日前如期开馆，所以宣传上既谨慎又低调，但作为瑞安宣传中枢神经的市委宣传部，一直有条不紊地暗中使力，按照既定的节奏稳步推进国旗教育馆的宣传报道。

前期报道以建设节点的报道为主，安排瑞安新闻单位记者采写，并有意识地把消息提供给市外媒体，收集他们的反应，作为下步新闻策划的参考。

建设国内首家国旗教育馆，对于任何一家新闻单位来说，都是一条“鲜活的大鱼”，所以各方都表现出浓厚的兴趣。分管副部长陈锦海、新闻科科长钱丽琼心里有底了。

进入八九月份，市委宣传部一方面加强与市外新闻单位的互动联系，另一方面召开专题宣传策划会，提前谋划并制定宣传报道方案。国旗教育馆开馆前后，主动邀请10余家市外主流媒体来瑞参观、采访。

争取上中央电视台《新闻联播》——这是许多人的共同期许。

时逢中华人民共和国70周年大庆，国家层面的领导讲话多、重要信息多、重要活动多，各地的活动多，也都占领着重要新闻时段和新闻版面，国旗教育馆开馆虽然新闻性强，但是到底能做到多大，大家心中也都没底。

“我们唯一能够做到的，就是尽量满足各家媒体单位的需求。”陈锦海和钱丽琼说。

他们事先做足了准备工作，调动瑞安日报社和广播电视局的采编力量，报社负责文字的撰写，广电负责视频的拍摄，为上级媒体做好基础素材的积累和准备。

不同媒体对新闻采写的主题提炼不同，角度、风格也都不同，对采访对象和素材的要求不尽相同，需要新闻科马上做出反应与配合。

比如《浙江日报》《温州日报》《温州都市报》和《瑞安日报》，都策划了专版内容，但是每张报纸的侧重点都不一样，采访切入点和对象既有交集又有不同，钱丽琼使出浑身解数，既安排集体采访，又布置点对点接触，个别在外地的采访对象比如曾联松的家人，也想方设法予以对接安排。

“我们竭尽所能为上级媒体的采访提供方便，满足对方的要求，因为我们也希望出来的报道多彩多姿，而不是千篇一律，千人一面。”陈锦海说。

9月28日央视《新闻联播》率先“大手笔”单条报道播出后，国内各大媒体各大网站争相报道，不惜时段不惜版面。

“全国首家国旗教育馆在瑞安开馆”的消息，一下子炸开了！燃爆了！

国旗教育馆“好风凭借力，送我上青天”，从此踏上“网红”之路。

一群导游

国旗教育馆展陈面积约2000平方米，地方不大，却有许多独具匠心的细节：国旗教育馆高度是19.49米，寓意新中国诞生于1949年；广场升旗旗杆的高度20.19米，是开馆的年份，两者之间的高度差，寓意2019年新中国成立70周年；国旗教育馆中庭圆筒直径是10.1米，寓意新中国的国庆日期为10月1日；原西山华侨电影院至国旗教育馆升旗广场设计形成7处休息平台，象征新中国成立70周年，10年一个大跨步，创造了日新月异的辉煌成绩……

这些数字，不说不知道，说了让你会心一笑。那么靠谁将这些信息传递给参观者？自然需要导游——讲解员。

国旗教育馆工作人员编制一直未落实，虽然发布了征集义务讲解员的消息，但缺少专职讲解员，9月中旬，市委宣传部决定从内部抽调人员担任讲解员：文化科施蓓蓓、宣教科叶素青和文案组孙珍慧。

文案组组长王丛伟奋战数日，写就1.5万字左右的讲解词初稿，拿到展馆里走了几遍展厅线路，略作调整后交给三位讲解员。

来自市委党史办的孙珍慧这几年一直担任市里另一个重要展馆“话桑楼”的讲解工作，对讲解不陌生，再加上此前将近半年时间都在文案组，对展馆情况比较熟悉，拿到初稿后，梳理、掌握其中的要点、难点和亮点，由点及面，比较快地进入了角色，是三人当中最早可以讲完全程的讲解员。

文化科施蓓蓓大学学的专业是旅游管理，实习的时候曾经当过导游，对于景点景区的讲解、注意事项等略有涉猎。接到讲解任务后，借助国旗教育馆设计方案、草图等，看着设计图对照一万多字的讲解稿进行初步整理、找寻重点，在脑海中模拟讲解路线，开馆前两天，到展馆沿着模拟的路线边走边模拟讲解，查缺补漏，同时利用展板、照片、雕塑、模型等构建记忆点，在背讲解稿时，将其中的小故事（比如曾联松先生收到旧币奖金500万元等）穿插进去，形成一篇较为完善的讲解稿。通过不断地在脑海中模拟、对镜练习，最终掌握了讲解要求。

宣教科叶素青请完产假刚上班就接到讲解任务，收到讲解稿后一头雾水，不知西东。为了做好讲解工作，她一遍遍根据资料模拟讲解过程，一次次前往国旗教育馆。此外，她还和孙珍慧、施蓓蓓一起讨论、确定讲

▲叶素青、孙珍慧、施蓓蓓现场讨论讲解内容

解的重点。至于资料里一些必备的知识点，叶素青只能在工作之余背诵。“刚生完孩子，每天晚上要把孩子哄睡后，再开始工作。”她说，“最后一个星期，基本上要从晚上9时多背到次日凌晨1时左右。”

直到9月27日晚上，她还在为讲解稿做细节完善。虽然时间紧，她还是圆满完成了任务。9月28日，面对进馆参观的第一批游客，她面带微笑，讲解清晰，对于游客提出的各类疑问，也都做了准确、专业的解答。

三位讲解员事后都说，虽然时间很仓促，准备讲解的过程很辛苦，但能为一批又一批游客介绍国旗相关知识，开展爱国主义教育，很有意义，将会是终生难忘的经历。

瑞安市职业中专集团学校组织成立国旗教育馆志愿讲解员队伍，100多名学生踊跃参加、积极报名，学校首批录用26名志愿讲解员，进行讲解培训，成为宣传国旗知识的传播使者。

张文捷是该校高二学生，学校发布国旗教育馆征集讲解员通知时，张文捷报名参加选拔，凭借标准的普通话和清丽的外表，脱颖而出。“我听到被录取的消息非常高兴，讲解员的首要任务是要理解，拿到讲解稿后我看了好几遍，决定去一趟国旗教育馆。”当时国旗教育馆尚未正式对外开放，内部还在装修，张文捷就在门口走了好几个来回。

“只有站在国旗教育馆门前，我才能真正理解讲解稿里的一些内容，比如展馆建筑外形是利用了红色金属铝板进行三维形体塑造，东南西北四个方向都呈现出五星红旗高高飘扬的效果。再比如，展馆的高度是19.49米，象征着新中国成立于1949年，而广场上的旗杆高度是20.19米……”那天下午，张文捷独自在广场上反复朗读讲解稿，不断比画着，以求达到最好的效果。

国庆期间，张文捷和她的几位同学轮流在国旗教育馆里担任讲解员，为众多前来参观的市民讲解，有时候忙起来连口水都顾不上喝。“我没想到大家对国旗教育馆的热情会这么高，而且大家都很认真地听我们讲解。”张文捷说，这是她过得最有意义的一个国庆假期。“我学到了很多关于国旗的知识，也让我更加热爱祖国，为自己是中国人感到骄傲！”

一台歌剧

“这是我看过最精彩、最令我激动的演出，好看也好听，尤其是舞美、音乐特别棒！剧中的每一段故事都将主人公的情感抉择与家国命运紧密相连，将温州‘敢为人先’的气魄与民族精神紧密相连，彰显了平凡中的伟大与非凡。”余国富老人看完歌剧《五星红旗》后，激动不已。

原创歌剧《五星红旗》，由温州市委宣传部牵头，瑞安市委宣传部和温州市委宣传部、温州大学共同创作，是温州近60年来首次创排的本土原创歌剧，在国旗教育馆争分夺秒地建设的同时，该歌剧的创作也紧锣密鼓地进行。

温州市委常委、宣传部部长胡剑谨说：“70年间，中国一步步走到了国际舞台的中央，五星红旗一次次高高飘扬，五星红旗的设计者曾联松是温州人，因此我们出品这部歌剧，演绎国旗背后的故事，以表达温州人永不褪色的初心和使命。”

该剧围绕中华人民共和国国旗设计者曾联松先生投身革命后发生的一系列事件，挖掘其设计国旗背后的故事情节，描绘温州人民在中国共产党的领导下，为争取民族独立、人民解放而书写的壮丽篇章，歌颂中华儿女勇于担当、矢志不渝的革命精神与家国情怀。

2018年底，歌剧《五星红旗》启动筹备工作，邀请国家级一流班底担纲创作——国家一级作曲家朱嘉禾教授作曲，青年编剧李长鸿担任编剧，中央歌剧院国家一级导演、双“文华奖”获得者王湖泉教授担任导演，著名青年指挥家、钢琴家王燕担任指挥。2019年5月启动创作，8月底创作完成。

该剧于6月份面向社会招募歌剧演员，经选拔入选的全体演员均为“歌剧零基础”的温州本土群众。行内人士介绍，几乎没有一部新戏敢起用全体新人参演，《五星红旗》做到了——《五星红旗》的创作和演员选拔也是温州人“敢为天下先”的决策结果。

在创排过程中，一些歌唱演员“拖家带口”，克服重重困难参加排练。温州大学音乐学院的大学生演员们放弃暑假休息，一个一个音符地反复琢磨、练习。王湖泉导演深受感动：“温州人勤学好学、吃苦耐劳的精神给我带来极深的触动。”

为了完美呈现《五星红旗》的音乐，朱嘉禾在两个月的时间里不分白天夜晚，辛勤工作，完成了50多首歌剧唱段的创作。为了将优秀的温州地方音乐元素融入乐曲中，他经常在网络上学习温州民歌。他说：“该剧的创作是在不可能的时限里完成了不可能完成的任务。”

《五星红旗》以曾联松的咏叹调《七尺男儿一腔热血》《我像只离群的孤雁》《等待最后的时刻》《这是我心中的启明》等作为情感支撑点，融合了欧洲歌剧与中国民族歌剧的特点，以各种形式的重唱作为推动力，穿插运用宣叙调、合唱、器乐等艺术形式，进行有机连接，逐渐将音乐与剧情推向高潮，最后以辉煌的大合唱《国旗颂》收尾。

歌剧《五星红旗》作为温州近60年来首次创排的本土歌剧，在中华人民共和国成立70周年国庆期间成功上演，呈现了一部大众喜闻乐见的红色经典之作。

它的成功上演，有力地推动和提升瑞安、温州乃至浙江舞台艺术精品的创作空间，为歌剧艺术的发展注入新鲜的血液。

一本传记

“（1949年）9月29日一大早，曾联松步履轻快走进了位于上海市愚园路1136号的单位大门，打扫好办公室，再泡上一杯清茶，精神饱满地开始了一天的工作。当邮递员把当天的《解放日报》送到时，大家发出了一阵欢呼，所有人都围了上来，只见头版头条刊登了新国旗的图案！看着那幅相当熟悉的图案，曾联松一下子呆住了，半天都说不出一句话，这个图案分明跟自己的设计图案完全相像，所不同的是他在大星中放上镰刀和斧头的图案，而这上面却没有。他翻来覆去地看了许久，但报纸上就是找不到设计者的姓名。

……喜讯姗姗来迟。1950年9月27日上午11时05分，中共上海市委统战部办公室里的电话铃声响了。电话是从北京打过来的，通知曾联松到北京参加国庆活动。

这时，曾联松才被正式告知，他就是五星红旗的设计者。这一天离他投稿的日子，已经相隔了13个半月的时间！”

——这段故事情节跌宕起伏、心理活动真实可信。它是夏海豹领衔创作的长篇传记文学《致敬五星红旗》里的一个段落。

2018年底，中国民族文化出版社约稿夏海豹撰写曾联松传记的事情得到叶艳认可与支持，一直犹豫不决的夏海豹终于鼓起信心，接下了这个任务。作为曾联松的家乡人，在新中国成立70周年、曾联松逝世20周年之际，他觉得由瑞安本土作者来完成这本书的写作，既是义不容辞，亦感责任重大。由于时间紧迫，他找到文友王键和胡晓霞，三人合作完成传记。

12月23日，中国民族文化出版社总编辑、编审刘树枫特地来到瑞安，洽谈该书的编委会筹备工作，并与市委书记陈胜峰，市委常委、宣传部部长叶艳会面。他特地强调，让瑞安人撰写瑞安先贤曾联松具有得天独厚的优势，对开展国情教育和爱国主义教育具有独特的意义。

为尽可能全方位地真实呈现曾联松不平凡的一生，三名作者做了大量的前期采访和实地调查。他们在初春的冷雨中，到上海嘉定长安墓园，拜谒曾联松先生墓地，参观上海国旗广场、曾联松故居；在花红柳绿的日子里，远赴北京，在国家博物馆寻找有关曾联松与国旗的原始材料和实物，在1949年开国大典时毛泽东主席在天安门亲手升起的第一面五星红旗前久久伫立凝视；在位于北京西郊的中央档案馆，咨询、寻找有关曾联松和国旗的原始档案；到武汉参观武汉市博物馆、辛亥革命武昌起义纪念馆。走访上海瑞中校友会、瑞安中学校史馆、瑞安市档案局，采访曾联松的后人以及他的学生、邻居和亲朋好友，搜集到不少新的信息和资料，填补了某些历史时段的材料空白。

夏海豹曾经出版过好几本书，他说，《致敬五星红旗》是他写作最苦的一本书，也是最有收获的一次写作。“曾老焕发出来的那种像大海一般广阔丰厚的人格力量和诗一般美丽的道德品质，更是始终震颤着我们心灵，激励着我们写作。”

20多万字的长篇纪实文学《致敬五星红旗　国旗设计者曾联松》于国庆前夕出版发行，向新中国七十华诞献礼，也为国旗教育馆建成开馆献上一份珍贵的礼物。

曾联松先生的长孙曾滔特地来到瑞安，参加传记首发仪式，他对该书予以充分肯定，评价这是他看到的最全面最详细地描写爷爷的一部传记。

第六章 未来皆可期

一则留言

我是温州大学国旗护卫队的一员，作为离国旗最近的人，我很早之前就想来国旗教育馆参观，由于各种原因错失了，今天参观了瑞安国旗教育馆，给我一种很惊艳的感觉，不仅是视觉上的，更是精神上的。视觉上，无论是馆内外的设计都无可挑剔；精神上，国旗教育馆又一次刷新了我对国旗的了解程度。我本以为在国旗护卫队的两年里，我对曾联松有了很多很多的了解，但参观了之后才发现原来国旗还有这么多我所未了解的秘密……

这是温州大学一位学生在国旗教育馆留言簿上写下的一段留言。

国旗教育馆开馆以来，一直受到持续的关注，即使在2020年初因抗疫闭馆3个多月期间，也有不少人跑到展馆外拍照留念。“五一”假期重新开馆，受到市民热烈追捧，特别是2020年“七一”前后，国旗教育馆迎来了一波红色旅游高峰，每天前来参观的市民和团队络绎不绝。虽然对人数做了严格限制，但每日游客数仍超千人次，团队10多个，游客以来自温州周边地区为主，还有不少从新疆、内蒙古等外省慕名而来的游客。国旗教育馆为此增加讲解员和讲解次数。

市民李梅兰跟着朋友一起“打卡”国旗教育馆，她说：“这里是网红打卡地，七一期间特地约朋友一起过来看看，很有仪式感！”来自乐清的李福南有着12年党龄，他是跟着单位的团队过来，参观结束时，他激动地说：“不虚此行，这里的爱国教育内容真丰富，有国旗的诞生、党的历史等，这次能够来这里庆祝党的生日，很有代表性和意义。”

到2020年10月底，国旗教育馆参观总人数达23万多人次。此外，与温州博物馆、瑞安图书馆等开展“一场说走就走的博物馆之行”“春泥计划暑期快乐营”等活动。更值得一提的是，国旗教育馆还通过云直播等方式，“走进”大专院校，“走出”国门。

2020年6月28日，国旗教育馆和华东理工大学艺术设计与传媒学院携手开展“初心不忘　国旗飘扬”艺术党课云直播活动，以党课+直播的形式开启“云党课”和“云观展”，引领党员师生追忆了中国共产党与国旗之间的渊源，以国旗为主线引导党员师生深入了解红色政权来之不易、新中国来之不易、中国特色社会主义来之不易，回顾中国共产党带领祖国崛起的历史性时刻。学院200余名党员师生、发展对象、入党积极分子在线参与了此次艺术党课。

预备党员、学生朱薇说：“在建党99周年即将到来之际，这一堂在国旗下的艺术党课格外地振奋人心。通过深入了解国旗的设计过程，让我更加深刻地认识到五星红旗国旗背后所寄托的含义。作为新时代青年，我们必将不忘初心，牢记中国共产党走过的艰苦革命历程，努力在今后的学习、工作中作出更大的贡献。”入党积极分子、学生唐欣怡说：“通过这次云党课，更加直观地感受到了祖国的辉煌成就与蓬勃发展。日益强大的祖国，让我们感到自豪和骄傲，也更加坚定自己的社会责任感和历史使命感，从一言一行做起，践行初心和使命，为祖国的未来注入自己的一份力量！”

2020年7月26日下午，国旗教育馆“迎”来一群特殊的观众，他们生活的国家与国内有着六七个小时的时差，但在北京时间15时50分，他们准时进入直播间，跟随主持人的直播讲解，在直播间参观国旗教育馆。

这群特殊的观众是海外华裔青少年，大部分是瑞安籍，分别生活在西班牙、葡萄牙、法国、意大利、荷兰、希腊等国家，他们报名参加了由中国侨联主办，温州市侨联、瑞安市侨联承办的“亲情中华·为你讲故事”网上夏令营活动。为了让他们更好地了解家乡文化，温州瑞安分营特地来到国旗教育馆开展“云游国旗馆”网络直播活动。通过“云端”体验网上升国旗仪式，聆听国旗故事，了解国旗文化，让线上的华裔、华侨青少年，了解国旗设计者曾联松与国旗之间的故事，学习国旗相关知识。当天下午的直播，最高峰有500多人在线参观，除了瑞安分营的营员，还邀请了温州营、浙江部分兄弟营的海外华裔青少年观看直播。“原来国旗设计者是我们瑞安人啊。”

“我爱中国！我爱五星红旗！”

“我一定要让爸爸带我去实地参观国旗教育馆。”

一项要求

国旗教育馆成为网红打卡地，温州周边地区及外地参观者络绎不绝，瑞安市四套班子领导对国旗教育馆后续提升工作非常重视，相继提出意见和建议。

▲瑞安市委书记麻胜聪参观、指导国旗教育馆工作

▲瑞安市人民政府市长秦肖参观、指导国旗教育馆工作

市委书记麻胜聪曾多次陪同上级领导参观国旗教育馆，对展馆的整体提升和局部细节作出要求。2020年7月中旬，麻胜聪书记在国旗教育馆实地察看后，当即拨打电话联系市名城建设中心主任叶秀敏，要求名城建设中心加快周边环境整治力度。7月21日上午，环西山环境整治提升专题会议召开，市委书记麻胜聪、市政协主席管秀云、市委常委施巨耀等参加会议。会议要求加快国旗教育馆周边环境的进一步整治提升，整治内容包括建筑立面整治、传统建筑加固修缮、绿化景观及文化小品、夜景亮化等，其中深入讨论3条到国旗教育馆道路的整体拆迁整治问题。

9月中旬，麻胜聪再次对国旗教育馆整改提升和周边环境整治作出重要指示。

国庆节前夕，市委常委施巨耀察看国旗教育馆周边环境，就落实麻胜聪书记指示精神进行部署。

自开馆以来，市名城建设中心已对国旗教育馆至山脚防空洞路段进行了建设提升，原华侨电影院一带的环境有了极大改观。下一步，将对国旗教育馆周边街巷进行改造提升。主要包括会议上提到的通往国旗教育馆的三条路：解放南路、解放中路，康乐街、登高巷以及沿线两侧建筑和飞云西路三弄通道及西山三间房修缮利用，总面积约3.35公顷。

通过道路空间优化、交通组织优化、市政管网整治、建筑立面整治、景观风貌提升、绿化系统美化、街道设施整治、夜景照明亮化、街道文化提升等九大工程“改头换脸”的塑造，根据历史底蕴、老城记忆、业态定位，进行街道文化、特色、艺术等方面的提升，打造新景点，延伸景观线，国旗教育馆周边将呈现一个新风韵、新气象。

一个愿景

国旗教育馆作为“全国首家”，声名远播，承载着越来越多的关注目光与殷切希望。

2019年10月21日，省委常委、市委书记陈伟俊在温州市委常委、宣传部部长胡剑谨，温州市政协副主席、瑞安市委书记陈胜峰等陪同下调研指导国旗教育馆。陈伟俊对瑞安建成全国首家国旗教育馆表示祝贺，对层层递进的展厅设计、翔实的内容布展、丰富的展陈物品予以肯定，并要求发挥国旗教育馆的爱国主义教育基地阵地作用，使之成为中小学生接受爱国主义教育的主阵地，成为高校学生接受教育的时政必修课主阵地，成为广大干部群众接受红色教育、国旗教育的主阵地，在“学、思、践、悟”上持续用力，创新方式方法，切实推动习近平新时代中国特色社会主义思想往深里走、往心里走、往实里走。

第一个综合性国旗教育基地、第一个数字化国旗互动空间、第一个创新型国旗文化地标——这是国旗教育馆建成开馆收获的“3个全国第一”。国旗教育馆的建成开馆，只是预示着一个新的开始，展馆建设提升一直在继续，国旗文化的内涵与外延，在不断地深化与扩展。

2020年上半年，国旗教育馆推出了十个服务提升项目。主要包括：开发智慧票务系统、提升移动服务功能、增加导览服务功能、开发语音导游功能、开发红色文创产品、增添便民服务设施、增加时尚互动设备、畅通沟通互动渠道、建立志愿服务队伍、增强红色教化功能等。

同时，通过一年时间的开馆运行，发展定位逐渐清晰。2020年7月15日上午，省委常委、宣传部部长朱国贤在温州融媒体中心连线国旗教育馆，特邀讲解员在国旗教育馆广场上向朱国贤部长介绍了展馆概况，随后进入一楼序厅，在巨大的升旗屏幕前，介绍国旗教育馆开馆以来特别是七一期间国旗教育馆人气爆棚的火热场景，最后向领导阐述了在一年实践中归纳提炼的“三重身份”：

一是红色网红打卡地，开馆以来，除了接待温州及周边地区群众参观外，还有不少从内蒙古、云南等地来访的客人，成了文旅融合的桥梁。

二是爱国主义教育研学中心，大专院校通过云直播参观国旗教育馆、上党课，中小学生开展爱国主义影片观影、向五星红旗致敬等活动。

三是党建学习宣讲基地，开展党支部活动、宪法宣誓活动，瑞安8090青播团以艺术、新媒体等形式开展理论宣讲。

内在内涵的不断充实提升，外在环境的不断整改提高，环西山带建设的不断优化完善，瑞安将把国旗教育馆打造成为全国爱国主义教育基地，并以其为核心，陆续推出二期三期提升工程，将国旗教育馆、西山烈士陵园、抗美援朝历史教育馆、革命精神研学基地、文昌阁、四贤祠等连片打造成“西山红色文化教育基地群”，用红色的光芒，照亮心灵，坚定信仰，不忘初心，砥砺前行。

附录一

国旗诞生

新政协筹备会与第六小组

1949年1月31日，中国人民解放军进入北平城内，宣告北平和平解放。

1949年3月23日，毛泽东等人率领中共中央机关离开西柏坡，于25日抵达北平。

1949年4月21日，中国人民革命军事委员会主席毛泽东、中国人民解放军总司令朱德发布《向全国进军的命令》。

1949年4月23日，中国人民解放军解放南京，国民党反动统治宣告覆灭，挂在“总统府”上的“青天白日满地红”旗，落在了地下。

随着解放战争的节节胜利，召开新的政治协商会议、商筹新中国建国大计的问题正式提上中国共产党的议事日程。

1949年5月23日至28日，周恩来、林伯渠等分别约请中国国民党革命委员会、中国民主同盟、中国民主建国会、中国人民救国会、中国民主促进会等民主党派、人民团体负责人，进一步协商关于召开新政治协商会议一些具体问题，听取他们的意见。

6月11日召开新政协筹备会第一次预备会议。预备会议商定参加新政协筹备会的单位23个，共134人。预备会议还确定了新政协筹备会常务委员会人选。

6月15日，新政协筹备会第一次全体会议在北平中南海勤政殿举行。

毛泽东、朱德、刘少奇、周恩来出席会议。周恩来担任大会临时主席，毛泽东、朱德在开幕式上发表讲话。毛泽东在讲话中指出：这个筹备会的任务，就是完成各项必要的准备工作，迅速召开新的政治协商会议，成立民主联合政府，以便领导全国人民，以最快的速度肃清国民党反动派的残余力量，统一全中国，有系统地有步骤地在全国范围内进行政治的、经济的、文化的和国防的建设工作。会议通过了《新政协筹备会组织条例》，并根据该组织条例选出毛泽东、朱德、周恩来等21人组成新政协筹备会常务委员会，负责处理日常工作。选举毛泽东为常委会主任，周恩来、李济深、沈钧儒、郭沫若、陈叔通为副主任。决定李维汉为秘书长。

6月16日，周恩来主持召开筹备会常委会第一次会议，决定在筹备会常务委员会下设立六个小组。

第一小组，主要拟定参加新政协会议的单位名单及代表人数，组长李维汉，副组长章伯钧；第二小组，起草新政协会议组织条例，组长谭平山，副组长周新民；第三小组，起草共同纲领，组长周恩来，副组长许德珩；第四小组，拟定中华人民民主共和国政府方案，组长董必武，副组长黄炎培；第五小组，起草宣言，组长郭沫若，副组长陈劭先；第六小组，拟定国旗、国徽和国歌方案，组长马叙伦，副组长叶剑英、沈雁冰。

第六小组另有组员13名，个个赫赫有名，他们是：张澜、郭沫若、陈嘉庚、马寅初、蔡畅、李立三、张奚若、廖承志、田汉、郑振铎、欧阳予倩、翦伯赞、钱三强。

1949年7月4日，第六小组召开第一次会议。经过讨论研究，推选叶剑英、廖承志、李立三、郑振铎、张奚若、蔡畅、田汉、翦伯赞等人组成国旗国徽初选委员会，叶剑英为召集人；推选郭沫若、田汉、沈雁冰、钱三强、欧阳予倩等人组成国歌词谱初选委员会，郭沫若为召集人。

会议决定登报公开征求国旗、国徽图案和国歌词谱，由郭沫若、沈雁冰、郑振铎负责起草征集启事。

毛泽东、周恩来亲自对《征求国旗国徽图案及国歌辞谱启事（草案）》进行审改。

1949年7月14日至8月15日，《人民日报》《解放日报》《新华日报》《天津日报》《大众日报》《光明日报》等各大报刊连续刊登了中国人民政治协商会议筹备会征求国旗图案的通知。

国旗设计图案应征者众

征求国旗图案的消息迅速地向全国、向海外传开。许多人在工余时间，摊开稿纸，开始设计。他们精心设计、绘制出一幅幅各具特色的图案，标上详细的说明，寄到北京。他们把设计绘制国旗图案作为一件光荣、崇高的事情，以倾注自己对新中国无限热爱的心意。

许多身在国外的爱国侨胞抱着深切的爱国之情，精心地设计国旗图案，从美洲、印尼、马来亚、朝鲜等国飞向祖国北京，其中从遥远的美洲寄来的国旗设计稿就有23幅。

开国元勋朱德，第六小组成员郭沫若、陈嘉庚、田汉等也提交了他们设计的样稿。

▲朱德设计的国旗应征图案

▲艾青设计的国旗应征图案

▲郭沫若设计的国旗应征图案

▲曾联松设计的国旗应征图案

曾联松先生也设计提交了“红地五星旗”设计图案。

8月5日，第六小组第二次会议对半个月来收到的459件国旗稿件进行了初审，同时决定聘请徐悲鸿、梁思成、艾青为国旗国徽图案初选委员会专家顾问；聘请马思聪、贺绿汀、吕骥、姚锦新为国歌词谱初选委员会专家顾问。

8月中下旬，新政协筹备委员会在北京饭店413号会客室，设立了国旗图案临时选阅室，将所有应征的2992幅（一说为3012幅）国旗图案设计稿集中陈列，请评选委员会成员和专家们选阅。参加选阅的同志，提出评选国旗应注意三点：一是要有中国特征（如地理、民族、历史、文化等）；二是要有政权特征（以工人阶级为领导的以工农联盟为基础的人民民主专政）；三是要以庄严简洁为主。

经过初选，应征稿件的设计构思符合上述三点要求的，大约有四类：镰锤交叉并加五角星；嘉禾齿轮并加五角星；以二色或三色横条或竖条组成旗面，于左上角或中央置镰锤或五角星或嘉禾齿轮；旗面为红色或2/3为红色，1/3为白、蓝、黄各色，加红色或黄色五角星。

8月22日，国旗国徽初选委员会召开第一次会议，初步选定了国旗图案16幅、国徽图案4幅。

曾联松设计的“红地五星旗”不符合征稿要求，而且图案最大的五角星里带有锤子镰刀图案，被认为易与苏联国旗混淆——新中国作为一个独立的主权国家，她的国旗图案一定要具有独立性，所以最初的16幅图案当中，并没有曾联松的设计稿。

曾联松设计图案不被看好

时间过得很快，9月17日，新政协筹备会第二次全体会议通过决议，将国旗、国徽、国歌的制定工作移交中国人民政治协商会议第一届全体会议，并由第六小组向全体会议主席团提出报告。

第六小组从国旗应征稿件中选出共38幅图案编印成《国旗图案参考资料》，分别以“复字第1号”至“复字第38号”顺序编号，提交全体会议代表审阅。其中，将曾联松设计的“复字第32号”大五星图案中的镰刀锤子去掉。

需要说明的是，曾联松设计的图案，一直不被与会代表看好。

9月23日，政协会议代表分成11个小组对国旗图案进行广泛的讨论，征求意见，各小组对38幅图案直接投票。

当晚，第六小组即召开第六次全体会议，对投票结果进行统计。

在“较好看和可供参考”的662票中，复字第1号图案，得到了112票赞成票；复字第2号图案，77票；复字第3号图案最多，185票；复字第4号图案，129票。

曾联松的复字第32号图案，只有15票。胡厥文、李烛尘、雷荣珂等对“红地五星旗”投了赞成票。

根据投票结果，呼声最高的是复字第3号和第4号图案。大多数代表的意见是从这两幅图案中选其一。

但是，也有代表尚存疑虑或异议。

9月23日至25日期间，陆续有人关注到复字第32号图案。不过也有代表觉得第32号图案中的四颗小五角星提法不妥，认为不应提到资产阶级。

25日，著名的社会活动家、科学家、教育家、诗人，九三学社重要创始人吴藻溪就国旗样式问题，给周恩来写了一封信，信中提到："在我参加的小组中，徐悲鸿代表报告中共中央拟采用国旗图案复字第三四号，把讨论的范围限在这两号，所以大家也就以此为范围略加选择。其实从光学上研究，红黄两色在日光和照相中，很难鲜明表现出来；又，大家都觉得在一整体上画一条横直线，无论这线的起点和终点到头与否，都不免引起一种分裂的直觉，何况民间早有'黄河为界'的既成印象。为了一新耳目而又增强大团结的观感，假使中共中央欲采用第三四号中之一，可否请考虑只用第四号？"

此外，陈嘉庚也曾向毛泽东和周恩来提出建议，认为政权特征比地理特征更为重要，因此无须坚持使用象征黄河的横杠。

张治中将军更是直接向毛泽东主席汇报自己的看法。他认为，中间一条横杠，把红旗一劈两半，那不成了分裂国家了吗？这个时候，我国南方一些地区还没完全解放，国旗上放一条黄杠子，更容易让人联想到大陆尚未统一。而且在中国人的传统意识中，曲线代表河流，杠子并不代表河流。杠子代表的是孙悟空使的"金箍棒"。国旗中间摆一根"金箍棒"不合适吗。

张治中的说法震动了毛泽东。

一锤定音

9月25日晚上，毛泽东同志邀请各方面人士在中南海丰泽园，召开国旗国徽国歌国都纪年协商会座谈会。

一些代表发言之后，这时，毛泽东拿起曾联松设计的红地五星旗图案，指出该图案表现了革命人民大团结。现在要大团结，将来也要大团结。因此现在也好，将来也好，又是团结又是革命。

与会代表纷纷发言表示赞成。

陈嘉庚发言说："我从东北回来就很关心国旗问题，我完全赞同毛主席所讲的第三十二图案。"梁思成也说："我觉得第三十二图很好，而且与军旗也不（是）相差很大，多星代表人民大团结，红色代表革命，表示革命人民大团结。"

9月26日，国旗国徽国歌国都纪年审查委员会在北京饭店召开第一次全体会议，会议一致同意采取公历纪年，即今年改成1949年；一致同意中华人民共和国应以北平为首都，且改名为北京；一致同意在正式国歌未制定前暂以《义勇军进行曲》代之。

关于国旗意见，江渭清、李克农、徐悲鸿、李伟光等代表表示，在9月23日分组讨论时，大部分代表因受第六小组所发的意见表影响，使大家的意见都被集中到讨论复字第三第四两幅图样，以致各代表意见不能充分表达。现经主席解释后，同意采取复字第32号。因该图庄严、美观、简洁、易制，且又合乎所征求之条件，故同意复字第三十二号图案。

除苏静、简玉阶未发表意见外，其余各代表皆同意采用复字第三十二号图且修改其说明如下：（甲）红色象征革命，（乙）星象征中国革命人民大团结。

1949年9月27日，全国政协第一届全体会议上通过的《关于中华人民共和国国都、纪年、国歌、国旗的决议》中，第四点规定：“全体一致通过：中华人民共和国的国旗为红地五星旗，象征中国革命人民大团结。”

中国人民政治协商会议《关于中华人民共和国国都、纪年、国歌、国旗的决议》和政协主席团通过的制旗办法规定：中华人民共和国国旗为五星红旗，长方形，红色象征革命，其长与高为三与二之比，旗面左上方缀黄色五角星五颗，象征共产党领导下的革命大团结，星用黄色象征红色大地上呈现光明。一星较大，其外接圆直径为旗高3/10，居左；四星较小，其外接圆直径为旗高1/10，环拱于大星之右侧，并各有一个角尖正对大星的中心点，表达亿万人民心向伟大的中国共产党，如似众星拱北辰。旗杆套为白色，以与旗面的红色相区别。

1949年9月29日，《人民日报》上刊发了国旗的图样和制法说明，提供给社会各界制作使用。

1949年10月1日，第一面中华人民共和国国旗由毛泽东在天安门广场首次升起。

附录二

报道精选

报道精选篇

国旗教育馆于2019年9月28日在浙江省温州瑞安开馆，引起各大媒体广泛关注和争相报道。

CCTV-1《新闻联播》、新华社、人民日报客户端、人民网、光明网、新华网、中新网、经济日报客户端、《浙江日报》、《浙江新闻联播》、《温州日报》、《温州新闻联播》、《温州都市报》等30多家中央、省、温州市级主流媒体以及“学习强国”平台相继对国旗教育馆开馆进行了报道，刊播重点报道70余篇，其中省级以上40余篇，相关报道被澎湃新闻网、今日头条、凤凰网、腾讯网、浙江在线、搜狐网、新浪网等40多家主流网媒转载，相关报道总阅读量、点击量累计超450万。

9月28日开馆当天，CCTV-1《新闻联播》播报《全国首家国旗教育馆在温州瑞安开馆》，时长1分07秒。报道称，9月28日上午，位于浙江瑞安的国旗教育馆举行开馆仪式，这是全国首家以“国旗”为主题的爱国主义教育综合展示馆。瑞安是国旗设计者曾联松的家乡。1949年，曾联松设计的红底五星图案，在2992幅国旗征集图案中脱颖而出，被定为中华人民共和国国旗。当晚，CCTV-13重播该报道，央视新闻客户端同步推送报道视频，点击量突破33万次。

9月29日上午，CCTV-7《国防军事早报》播报《全国首家国旗教育馆在浙江瑞安开馆》，时长30秒。该报道用航拍镜头全景展示国旗教育馆外观及开馆活动现场。

9月29日，新华社《新华每日电讯》图文刊发《国旗设计者家乡瑞安建成“国旗教育馆”》。报道称，国旗教育馆开馆并展出了从国家博物馆和中央档案馆复制的36件馆藏品，并制作了40余件实物模型。9月29日，新华社客户端要闻频道推送图文报道《国旗设计者家乡浙江瑞安建成“国旗教育馆”》，阅读量超15万次。9月30日，新华社客户端浙江频道推送视频报道《国旗设计者家乡浙江瑞安建成“国旗教育馆”》，点击量破19万次。

9月29日，人民日报客户端推送《全国首家国旗教育馆在温州瑞安落成开馆》。报道称，国旗教育馆以“天圆地方、天瑞地安，鼎盛中华、红旗飘扬”为设计主题，分国旗诞生厅、国旗知识厅、国旗荣耀厅、瑞安发展厅，并将巨幅升旗幕屏、木活字国歌墙灯光秀、沉浸式体验、虚拟讲解员、真人体感互动、3D换脸合影等多元化高科技手段融入展示环节，打造成全国首个数字化国旗互动空间。

9月29日，人民网总网推送《温州瑞安：全国首家国旗教育馆落成开馆》。报道称，随着国旗教育馆的建设，瑞安市还“诞生”了不少衍生品。有1500套的国旗教育馆纪念邮票发行，以五星红旗为主题的歌剧将在10月份上演，15万字的长篇纪实文学作品《致敬五星红旗》即将出版发行，百余件国旗衍生文创产品开发亮相。9月28日，人民网浙江频道在首页焦点频道推送图文《全国首家国旗教育馆在温州瑞安落成开馆》。10月4日，人民网浙江频道再次推文《温州瑞安：国旗馆里听故事》。报道称，瑞安市实验小学是曾联松的母校，听到国旗教育馆开馆的消息，师生们精心准备了一场“听国旗故事”主题活动。

9月29日，光明网发布推文《全国首家国旗教育馆在温州瑞安落成开馆》。报道称，在国旗教育馆中，藏有一份珍贵的“镇馆之宝”——编号2019-0046国旗，它曾在2019年5月10日至5月12日于天安门广场国旗杆悬挂使用。这是北京市天安门地区管理委员会赠予瑞安的。对瑞安来说，这面国旗意义重大——70年前的5月10日，瑞安和平解放。

9月28日，新华网总网图文推送《国旗设计者家乡浙江瑞安建成“国旗教育馆”》。报道称，地处浙江温州瑞安市的国旗教育馆28日正式开馆，成为一个综合性国旗教育基地。作为国旗设计者曾联松的故乡，瑞安对国旗和曾联松有着特殊的感情，建有曾联松广场、国旗园。此次建成国旗教育馆，是瑞安人民在新中国成立70周年之际献上的一份特殊的礼物。当天，新华网浙江频道在频道头条同步推送该报道。

9月28日，中新网总网推文《国旗教育馆在国旗设计者故乡浙江瑞安建成开馆》。报道称，经过20余次的讨论会，瑞安国旗教育馆筹建工作领导小组10余次赴北京、上海求经取宝，100余次对展陈文本字斟句酌，150多名工人177天日夜“奋战”，最终建成了国旗教育馆并投入使用。10月2日，中新网短视频频道推送《中国首家国旗教育馆亮相浙江瑞安》，点击量27万+。

9月29日，经济日报客户端推送《全国首个综合性国旗教育基地在浙江瑞安落成》，阅读量18万+。报道称，国旗教育馆内有藏品和展品近百件，其中包括中国雕塑学会会长曾成钢特意为国旗教育馆创作的曾联松雕塑。

9月28日，《全国首家国旗教育馆在温州瑞安开馆》登上“学习强国”平台。9月29日，视频《一分钟带你看全国首家国旗教育馆如何从无到有》获“学习强国”首页推介。

9月29日，《浙江日报》推出专版报道《全国首家综合性国旗教育基地国旗教育馆在瑞安开馆》，详细介绍建设国旗教育馆的意义、场馆布置及展陈等。报道还称，瑞安将以国旗教育馆为核心，围绕环西山带建设，陆续推出二期三期提升工程，打造“西山红色文化教育基地群”，争创全国5A级人文景区，使之成为瑞安的文化之境、文化之源、文化之光。

10月4日，《浙江日报》头版头条刊文《国旗馆里听故事》。报道称，10月3日一早，国旗设计者曾联松母校瑞安市实验小学的少先队员们在瑞安市区西山之巅的国旗教育馆，激昂地朗诵诗歌，开展爱国主义教育。

9月28日，浙江卫视《浙江新闻联播》播出《瑞安：全国首家国旗教育馆在温州瑞安落成开馆　曾悬挂于天安门广场的国旗成为“镇馆之宝”》。报道称，在国旗设计者曾联松的家乡温州瑞安，全国首家综合性国旗教育基地国旗教育馆开馆，馆中藏有一份珍贵的“镇馆之宝”——编号2019-0046国旗，它曾在2019年5月10日至5月12日于天安门广场国旗杆悬挂使用。9月28日，蓝媒号推出《全国首家国旗教育馆在温州瑞安落成开馆》，点击量超22万次。

9月29日，《温州日报》头版头条图文刊登《瑞安献礼新中国成立70周年全国首家国旗教育馆建成开馆》。报道称，瑞安将把国旗教育馆打造成集国旗科普、红色教育、特色文化于一体的爱国主义教育综合展示馆，融合国旗元素与瑞安地域元素、文化元素，让参观者观有所感、学有所获。《温州日报》2—3版两个专版报道《致敬五星红旗》，详细介绍国旗教育馆的建设初衷、意义、过程、展厅设置、展陈内容等。

9月28日，《温州新闻联播》单条播出《红旗飘扬！全国首家国旗教育馆在温州瑞安建成开馆！》，时长2分30秒。10月4日，《温州新闻联播》再次单条播出《瑞安：红色旅游升温　瑞安国旗教育馆成国庆打卡新地标》。报道称，国庆节假日期间，瑞安国旗教育馆迎来旅游高峰，国旗教育馆自带的红色气质吸引了一批又一批的游客。

9月28至30日及10月9日，《温州都市报》连续4期以“1个头版+2个专版”形式，分别推出《国旗之魂　初心旗帜》《国旗之光　创新“旗”迹》《国旗之美　至美“旗”妙》《国旗之情　情怀“旗”缘》系列报道，图文并茂、翔实生动地讲述瑞安与五星红旗的渊源、建设国旗教育馆的意义、过程、内部展陈设置、实地参观探访等故事及社会各界反响等。掌上温州客户端同步推出系列报道推文，阅读量累计10万余次。

探访五星红旗设计者家乡——
走进全国首个国旗教育馆

柴逸扉

今年国庆假期，浙江瑞安新开的国旗教育馆格外热闹。成千上万的市民满怀热情前往参观，场馆外每天都排起长长的队伍。

浙江瑞安是中华人民共和国国旗设计者曾联松的故乡。国庆前夕开放的瑞安国旗教育馆，是全国首家综合性国旗教育馆。近日，记者走进瑞安国旗教育馆，和观众一起聆听五星红旗诞生的故事。

细节设计富有寓意

从瑞安西山的山脚拾级而上，远远便看见一座造型独特的建筑在翠绿树林中格外醒目，建筑外围由金属网架装饰成4面飘动的五星红旗。大门上“国旗教育馆”5个金色大字，均来自曾联松手迹，每个字都是从曾联松生前书信中筛选出来。

国旗教育馆总建筑面积2600多平方米，共4层，布展面积近2000平方米，包括序厅、国旗诞生厅、国旗知识厅、国旗荣耀厅、瑞安发展厅和尾厅、附属厅等，详细介绍了国旗的诞生历程、国旗的制作、国旗的含义、国旗的标准规范、国旗与天安门广场、国旗法等内容，让观众在热爱国旗、致敬国旗的同时深入了解国旗有关知识。

场馆设计主题为“天圆地方，天瑞地安；鼎盛中华，红旗飘扬”。国旗元素在这里比比皆是。馆前旗杆上飘着国旗，馆内穹顶中央装饰着国旗，展柜里、展板上、屏幕中也有着大大小小的国旗实物或图案。

作为爱国主义教育基地，国旗教育馆在细节设计上具有特殊含义：场馆建设高度为19.49米，象征中华人民共和国成立于1949年；馆前升旗杆高20.19米，代表今年开馆时是中华人民共和国成立70周年。

为了保证藏品的权威性和真实性，瑞安国旗教育馆从国家博物馆、中央档案馆、天安门地区管理委员会等单位收集、复制了36件原始图片、影像资料，并制作了40余件实物模型。

收藏一面特殊国旗

走进国旗诞生厅，一座生动传神的雕塑引人注目：曾联松坐在书桌前，一手握着铅笔，一手拿着稿纸，仰望星空陷入沉思。这尊雕塑由中国雕塑学会会长曾成钢制作，表现了曾联松设计五星红旗图稿时的情景。

1949年7月，全国政协筹委会向全国公开征集国旗、国徽设计方案。当时只是上海现代经济通讯社普通职员的曾联松从报上看到征稿启事，怀着对新中国诞生的期许和喜悦，想要参与设计国旗。一天夜晚，正当苦苦思索国旗设计稿时，曾联松抬头看到天空中闪耀的星星，“盼星星，盼月亮，盼来了中国共产党……”熟悉的沪剧唱腔在脑海中回响。中国共产党是中国人民的大救星，带领人民建立新中国，星星是革命的象征，当年红军军帽上就有一颗红星。曾联松找到了灵感，决定以五角星作为国旗图案的主体。

经过反复思考、打磨，曾联松设计出“五星布成椭圆形，大星导引于前，小星环绕于后，恰似众星拱北斗的五星红旗”，并将方案寄往北京。五星红旗从3000余幅应征作品中脱颖而出，经全国政协第一届全体会议通过，成为中华人民共和国国旗。1950年10月1日，曾联松受邀登上天安门观礼台，亲眼看见自己设计的五星红旗在雄壮的国歌声中冉冉升起。

在展厅里，记者看到了曾联松设计的国旗图案原稿、推荐理由文稿、全国政协第一届全体会议决议等资料复制品（件）。最终版国旗与原设计稿基本相近，只是去掉了大五角星中镰刀锤头的图案，更加简洁。

国旗知识厅的展墙上，平铺着一面编号为2019-0046的国旗。这面国旗曾于2019年5月10日至5月12日在天安门广场国旗杆悬挂使用。瑞安市委宣传部相关负责人表示，今年5月10日是瑞安解放70周年，天安门地区管理委员会向瑞安国旗教育馆赠送这面国旗，既是对开馆的祝贺，也寓意着70年来瑞安的巨变。

科技手段增强互动

在场馆一楼序厅，一块高约19米的大屏幕上呈现着天安门广场的动态画面，天安门城楼雄伟壮丽，旗杆上的国旗迎风飘扬。每天的固定时段，展厅里会举行虚拟升旗仪式。在国旗升起的同时，根据国歌播放的节奏，将灯光打在国歌墙镌刻的歌词上。

“这个巨幅屏幕展示的天安门广场升旗仪式很逼真，气势也很足，让我们仿佛身临其境，感受到庄严的仪式感。”前来参观的王旭对记者说。

国旗教育馆运用了多种科技手段，让观众体验更丰富。沉浸式影院、虚拟讲解员、自制国旗游戏、“我与国旗合个影”3D成像……富有科技感的环节颇受观众喜爱。到了闭馆时间，仍有许多在外排队的观众不愿离去，请求到一楼大厅与屏幕上的天安门广场合影。

为了让国旗文化得到更广泛的传播，国旗教育馆还开发了系列文创衍生品，如国旗拼图、国旗水壶、国旗水杯、国旗摆件等。

“我们将把国旗教育馆打造成集国旗科普、红色教育、特色文化于一体的爱国主义教育综合展示馆，融合国旗元素与瑞安地域元素、文化元素，让大家观有所感、学有所获。”瑞安市委宣传部相关负责人表示。

摘自2019年10月15日《人民日报》海外版07版

2019年10月15日 星期二

人民日报 海外版

文明中国 07

本报记者探访五星红旗设计者家乡——

走进全国首个国旗教育馆

□本报记者 柴逸扉

细节设计富有寓意

收藏一面特殊国旗

科技手段增强互动

探讨“新中国文化七十年”

中央文史研究馆国学论坛举行

四川文化亮相维也纳

文化只眼

传统文化的创新表达

□韩春萍

古村今貌

“簸箕村”的琴棋书画

□韩 斌

村琴悠悠

书藏家家

乡棋步步

画庆岁岁

▲2019年10月15日，《人民日报》海外版07版点赞国旗教育馆

瑞安　国旗馆里听故事

甘凌峰　张亦盈　庄颖昶

“国旗升起来，我们和祖国，是这样亲近！”10月3日一早，在瑞安市区西山之巅的国旗教育馆，瑞安市实验小学的少先队员正激昂地朗诵诗歌。

作为国旗设计者曾联松的故乡，瑞安去年底开始筹建全国首家国旗教育馆，今年国庆前夕刚刚开馆。瑞安市实验小学是曾联松的母校，听到开馆的消息，师生们精心准备了一场“听国旗故事”主题活动。

在国旗教育馆前的广场上，少先队员齐唱中国少先队队歌《我们是共产主义接班人》，并表演了诗歌《国旗升起来》、校园剧《那升起的五星红旗》等节目。中队辅导员厉丽平说，这是一次生动的爱国主义教育，“整个排练过程，陶冶了孩子们的情操，激发了爱国情怀。”

表演结束后，孩子们走进国旗教育馆参观体验，还当起了义务讲解员。“曾爷爷是我们的校友，他是这样设计五星红旗的……”学生陈奕阳乐此不疲地向游客讲解，语气中满是自豪。

国旗教育馆共4层，每层都融入了高科技元素。在展厅1楼，首先映入眼帘的是高15米、宽8.5米的巨幅升旗屏幕。

孩子们最感兴趣的是互动环节。触摸屏幕，亲手绘制一面国旗；点击地图，让国旗在不同地点升起；跟虚拟讲解员“瑞瑞”“安安”聊天，重温红色记忆……尤其是“我与国旗合个影”体验区，通过3D换脸，参观者可“变身”为解放军、宇航员等角色，在天安门、月球等不同的背景中与国旗合影。

孩子们回去后，将以《听国旗的故事》为题写一篇日记。“我已经想好怎么写了。”陈奕阳说，他将来一定好好发扬曾爷爷的爱国情怀，努力学习，报效祖国。

摘自2019年10月4日《浙江日报》头版

浙江日報

习近平同比利时国王互致贺电

红红之江景 浓浓爱国情

瑞安 国旗馆里听故事

杭州 葵植大地颂祖国

长兴 革命老区忆往昔

数字景区 一键畅玩

柯桥新引擎助农增收

▲2019年10月4日，《浙江日报》头版点赞国旗教育馆

全国首家综合性国旗教育基地

国旗教育馆在瑞安开馆

甘凌峰　张亦盈

9月28日上午，在瑞安市区西山之巅，一面五星红旗伴随着国歌声缓缓升起。对于瑞安人来说，这一刻具有特殊意义：作为国旗设计者曾联松的故乡，全国首家综合性国旗教育馆在瑞安开馆。

瑞安国旗教育馆高标准建设，将打造成为立足瑞安、示范全国的爱国主义教育展示中心、红色文化创意中心、党建宣传工作学习交流中心、科普研学体验中心。

走进国旗教育馆

一场震撼人心的爱国主义体验

国旗教育馆总建筑面积为2600多平方米，其中布展面积近2000平方米，设计主题为“天圆地方，天瑞地安；鼎盛中华，红旗飘扬”。国旗教育馆升旗旗杆高20.19米，象征新中国成立70周年。展馆高19.49米，象征新中国诞生于1949年。

开馆当天，我们跟随讲解员走进国旗教育馆体验了一番。展馆共有4层，第一层为序厅，首先映入我们眼帘的是19米高的巨幅屏幕，巨幅屏幕会在固定时段举行室内升国旗仪式。人们置身在恢宏大气的展馆中，通过声、光、电结合，不禁沉浸于国旗与国歌交相辉映的壮阔空间。

步入二层，以木活字标题“国旗招展、红潮涌动”作为开篇形象墙，搭配中国红及岁月金为主色调的氛围渲染，完美地演绎瑞安木活字文化与国旗文化的碰撞融合。这里分国旗诞生厅和国旗知识厅。国旗诞生厅展示国旗的诞生历程，设置国内时局、国旗诞生、国旗设计者曾联松、开国大典等板块内容，介绍国旗诞生的来龙去脉及曾联松与国旗之间的不解之缘，让国旗故事深入人心。在国旗设计者曾联松展区，还原了曾联松设计国旗时的环境，以其创作手稿作为艺术吊顶装饰，背景以“盼星星，盼月亮”主题打造沉浸式空间，生动地还原曾联松对着星空创作国旗的过程。

国旗知识厅展示国旗相关知识，设置国旗的制作、国旗的含义、国旗的标准规范、国旗与天安门广场、国旗法等板块内容，引领参观者回到“那时·那人·那事”，感受经典，感悟历史。在国旗的制作展区，青少年可参与制作国旗，并可通过挥屏的形式将自己的国旗作品上传至屏幕及手机等设备上。虚拟讲解员“瑞瑞”与“安安”趣味互动，将日常生活中的国旗违法案例进行生动讲解，引导市民群众在日常生活中应当尊重国旗、爱护国旗。

步入三层，空间更具现代感，彰显朝气向上与生机勃勃。这里分国旗荣耀厅、瑞安发展厅和尾厅。国旗荣耀厅展示国旗代表中国的荣耀时刻，设置主权象征、竞技高峰、科技进步、中外建交等板块内容，运用多媒体技术及视觉震撼效果，同参观者见证祖国崛起的历史性时刻。瑞安发展厅展示瑞安解放以来的经济社会发展，设置瑞安成就、红色记忆、走进温州、红领巾E站、宣誓区等板块内容，还原瑞安城市面貌，呈现百万人民共建至美瑞安的奋斗历程。尾厅展示领导关怀、建馆历程和时光影像，设计互动环节“我与国旗合个影”，激励国人不忘初心、砥砺前行。

半地下层为附属厅，设置文化瑞安展示区、临展区、视听区和文创区，重点介绍永嘉学派、南戏文化、晚清新学等内容，串联起历史文脉和文化资源，将传统文化融入时代发展的脉络。

“瑞安市国旗教育馆将定位为集国旗科普、红色教育、特色文化于一体的爱国主义教育综合展示馆。”据瑞安市委宣传部相关负责人介绍，它的落成，将成就三个“全国第一”：

全国第一个综合性国旗教育基地：瑞安市国旗教育馆是全国首家以国旗为主题的综合性展馆，全方位、深入地展现“一旗、一人、一馆、一城”的特殊情缘。展馆四大主题厅，详尽介绍了与国旗相关的知识与史实，内容丰富，史料准确，藏品珍贵，具有独特性、唯一性及不可复制性，将成为立足瑞安、示范全国的爱国主义教育展示中心、红色文化创意中心、党建宣传工作学习交流中心、科普研学体验中心。

全国第一个数字化国旗互动空间：展馆采用多元化的高科技手段，将巨幅升旗幕屏、木活字国歌墙灯光秀、沉浸式影院、虚拟讲解员、真人体感互动、3D换脸合影等最新展陈科技手段融入各项展示环节，给人以直观、逼真、多感官互动的体验。

全国第一个创新型国旗文化地标：将国旗元素与温州、瑞安等地域元素结合，展现五星红旗与国旗设计者曾联松先生故乡之间的故事。将国旗元素与瑞安地域元素、文化元素相融合，开发了百余件国旗衍生文创产品，让游客观有所感、学有所获。

藏品珍贵

一面来自北京的特殊国旗

为了馆藏品的权威性和真实性，瑞安市委、市政府多方协调，寻求上级部门支持，全力收集、复制与国旗相关的珍贵照片、影像资料。由主要领导亲自带队先后6次赴北京，从国家博物馆、中央档案馆、天安门地区管理委员会等单位收集、复制了36件原始图片、影像资料，并制作了40余件实物模型。其中，对接国家博物馆共获得8件馆藏品，从中央档案馆获得24件馆藏品。

“国旗教育馆中，有两件藏品特别值得和大家分享。”瑞安市委分管宣传负责人说，一件是来自天安门地区管理委员会赠送的国旗。这面国旗曾于2019年5月10日—5月12日在天安门广场国旗杆悬挂使用，编号2019-0046号。为什么赠予这面国旗呢？因为瑞安于1949年5月10日正式解放，今年的5月10日正好是瑞安解放70周年。这面特殊意义的国旗是天安门地区管委会对国旗教育馆开馆的祝贺，也诠释了70年来瑞安历史巨变和伟大成就。

另一件是来自山东沈夏淦老先生赠送的曾联松亲笔签名爱国主义教育资料《国旗国徽国歌版图首都》。这本书是沈夏淦老先生1990年去上海探望曾联松先生时，由曾先生赠予的，扉页还有曾老先生用毛笔书写的“沈夏淦袁翠陵乡亲惠存”10个大字，以及红色的印章。书中有一篇《五星红旗是怎样设计出来的》，是曾联松老先生第一次公开发表关于五星红旗设计过程的文章，具有十分珍贵的历史意义。

基于国旗教育馆自身的独特定位以及结合时代红色文创的新理念，瑞安还开发了系列国旗教育馆文创衍生品。衍生纪念品包含了徽章、邮品、文具、摆件、器物等六大类目以及结合本土文化企业产品定制开发的专属产品，首批共计80余种。其中本土龙头文化企业奥光集团开发的国旗拼图和价值观魔方都为首次亮相的文创作品；本土非遗蓝夹缬用自身独特技艺印染出五星红旗，代表着国旗设计者家乡人民的赤诚爱国拳拳之心。除此之外，还有着展示红色经典与70周年纪念的相关红色文创品，都呈现了各自精彩。

精心建馆

一场紧迫而又缜密的攻坚战

“建设国旗教育馆，是一项精雕细琢、多方合力的工作。”瑞安市委主要负责人说，瑞安以非凡的力度、超高的标准、更严的要求打造国旗教育馆。去年12月17日，该市成立了国旗教育馆建设工作领导小组，瑞安市委、市政府主要负责人先后组织召开了20余次专题评审会、讨论会。2019年，瑞安市委、市政府将国旗教育馆建设纳入重点项目。

历史意义大、施工时间短，让参与这项工程的人员面临了巨大的挑战。“每一分钟对我们来说，都难能可贵。”瑞安市名城建设中心主任叶秀敏说，工程引入EAS项目管理系统，细化攻坚任务，倒排作战时间，论小时打卡，把原需2年的工程项目缩短到了半年内完成。

工程建设难度大是需要克服的一大困难。由于国旗教育馆选址在山顶上，大型工程车辆无法直接开到山上进行施工，需要将沿线山路进行临时铺垫，并在工程建设完工后恢复到原来的石板路，这给施工带来一定难度。另外，两台大型30吨吊机无法直接上山，需要把部件在山脚拆卸好，化整为零后，运到施工现场，再组装。

尽管时间紧迫，但容不得一丝马虎。国旗教育馆内，每一份资料都经过缜密的推敲和考证。国旗馆展陈文案组负责人王丛伟说，每一个展厅各有一段序言，合计才1000余字，但是光大修就有10余次。“审稿会都不知开了多少次，我们邀请了许多专家共同座谈，一开就是好几个小时。”

国旗教育馆的馆名来自曾联松的手迹。曾联松传记《致敬五星红旗》撰笔人夏海豹牵头，从曾联松写给友人的40多封信件里，分别找出了“国”“旗”“教”“育”“馆”5个字的候选字，一共有几十个。经过一个多月的筛选，才最终确定。

润泽后世

一个示范全国的爱国主义教育综合展示馆

曾联松出生于瑞安，酷爱书画，写得一手好字。1949年，全国政协向全国公开征集国旗、国徽图案，曾联松从报上获知后，设计了“五星布成椭圆形，大星导引于前，小星环绕于后，恰似众星拱北斗的五星红旗”，寄往北京。五星红旗从3000余幅应征作品中脱颖而出，经全国政协第一届全体会议通过，成为中华人民共和国国旗。曾联松从不以国旗设计者自居，一生兢兢业业。

“五星红旗的设计者是我们瑞安人，但这一段光荣的历史在瑞安知道的人不多。”瑞安市委分管宣传负责人说，他们曾参观聂耳纪念馆，感受了《义勇军进行曲》作为国歌对群众的教育意义，对国歌作者聂耳的家乡人民的特殊意义。“作为国旗设计者的家乡，我们在思考，要以怎样的形式表达瑞安人民对新中国成立70周年的祝福，表达对祖国的热爱？经过研究，我们决定在瑞安建设全国首家国旗教育馆。”

经过实地调研、论证，瑞安市委、市政府选址在瑞安市区西山山顶。西山是瑞安的文化集结地，紧邻公园路历史文化街区，山上有烈士陵园、四贤祠、文昌阁等历史文化建筑。站在西山之巅，可鸟瞰飞云江和老城全貌，具有独特的观景视野。值得一提的是，聂耳纪念馆在昆明西山上，这是历史的巧合，也是瑞安人民的美好初衷。

为保障国旗教育馆日常管理与运行，做好馆内管理、参观讲解等工作，国旗教育馆专门培养了一批志愿服务队伍。目前，首批26名志愿讲解员已正式开展志愿服务。国旗教育馆将吸引更多的在校学生到国旗教育馆参观，接受国旗文化教育，开展“四品八德”教育和“国旗在我心中”朗诵演讲等活动，让国旗教育馆成为学生心中真正的文化地标、价值取向、国旗文化研学示范基地。

瑞安市委主要负责人表示，建设国旗教育馆，是一项德育馨香、润泽后世的工作。下步，瑞安将努力把国旗教育馆打造成为立足瑞安、示范全国的爱国主义教育展示中心、红色文化创意中心、党建宣传工作学习交流中心、科普研学体验中心。以之为核心，围绕环西山带建设，将陆续推出二期三期提升工程，把瑞安市国旗教育馆、西山烈士陵园、抗美援朝历史教育馆、革命精神研学基地、文昌阁、四贤祠等连片打造成“西山红色文化教育基地群”，争创全国5A级人文景区，使之成为瑞安的文化之境、文化之源、文化之光。

摘自2019年9月29日《浙江日报》9版专版

▲2019年9月29日，《浙江日报》9版专版报道国旗教育馆

附录三

画说旗迹

序言

“和璧混沌璞未开，幸有玉人雕琢才；推敲图案三千幅，五星红旗入选来。”

1950年10月1日，曾联松受邀赴京参加国庆观礼，兴奋之情无法抑制，化为诗语《入选吟》。一个多月后，他收到了中央人民政府办公厅来函：“曾联松先生：你所设计的中华人民共和国国旗，业已采用……”

曾联松，1917年12月17日出生于浙江瑞安，就读于瑞安县小学（现瑞安市实验小学）和瑞安中学。他设计的中华人民共和国国旗——五星红旗，在1949年10月1日开国大典上，由毛泽东主席按下电钮，在天安门广场上冉冉升起！

70年后，瑞安在新中国成立70周年前夕建成全国首家集国旗科普、红色教育、特色文化于一体的国旗教育馆。

国旗教育馆的建成成就了3个“全国第一”：将详尽的国旗知识与史实和珍贵的原始物件相结合，打造了全国第一个综合性国旗教育基地；将最新展陈科技和逼真的互动体验相结合，打造了全国第一个数字化国旗互动空间；将国旗元素和瑞安文化元素相结合，打造了全国第一个创新型国旗文化地标。

国旗教育馆开馆以来，坚持高站位谋划、高标准运行、高质量发展，挖掘“不可复制”的红色资源，塑造“红色打卡地”含金量，提升“全国唯一”的影响力。中央电视台、《人民日报》、浙江卫视、《浙江日报》等国家、省、市主流媒体和新闻客户端相继报道国旗教育馆。国旗教育馆已成为国内知名的红色网红打卡地。

缘起

1949年6月15至19日，新政治协商会议筹备会第一届全体会议在北平召开。7月15日，新政协筹备会发布征求国旗图案的消息，社会各界反响热烈，踊跃参与，表达自己对新中国的无限热爱之情。瑞安乡贤曾联松设计的“红地五星旗”图案几经波折，最终在应征的2992幅（一说3012幅）国旗图案设计稿中脱颖而出，得到毛泽东主席的肯定，在中国人民政治协商会议第一次全体会议上通过，被确定为中华人民共和国国旗。

中华人民共和国成立70周年前夕，2019年9月28日，在曾联松的故乡瑞安，建成全国首家集国旗科普、红色教育、特色文旅于一体的国旗教育馆，展现“一旗、一人、一馆、一城”的特殊情缘，记录瑞安这座千年古县与祖国的共同成长，传播国旗文化，弘扬民族精神，传承家国情怀。

▲国旗设计者

曾联松

浙江·瑞安（1917—1999）

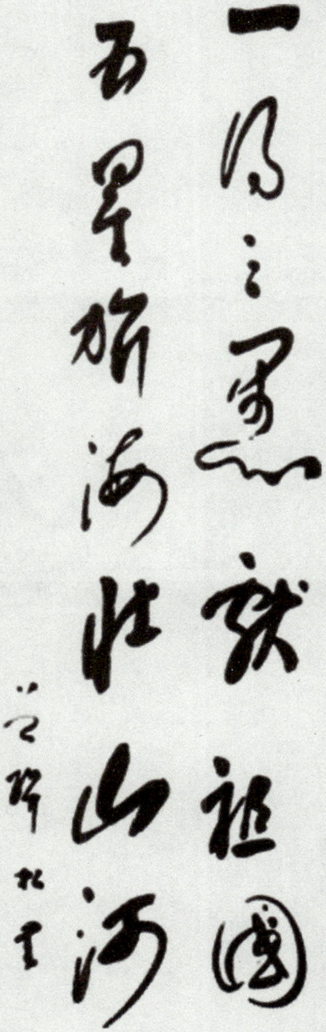

人民日報

中華民國三十八年七月十六日 星期六

己丑年六月二十一日

新政治協商會議籌備會為
徵求國旗國徽圖案
及國歌辭譜啟事

中國解放區現勢圖
今日隨報附送

解放軍總部發
第三年
三年殲敵

粵揭陽殲匪一營
贛西克奉新高安
浙境殘匪近兩千投誠

隆重紀念李聞諸先烈
李維漢李濟深等均往參加

南工團一、三分團即將南下
朱總司令親往講話
勉勵大家完成偉大歷史使命

董必武作報告

林伯渠任主席

▲《人民日报》刊登新政协筹备会“征求国旗国徽图案及国歌辞谱启事”

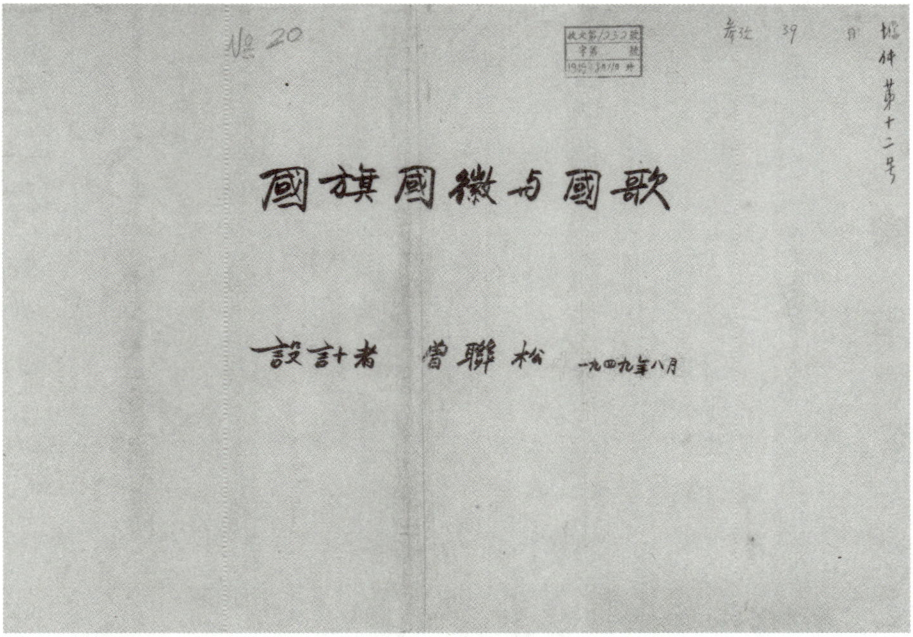

▲曾联松设计稿封面及“红地五星旗”图案

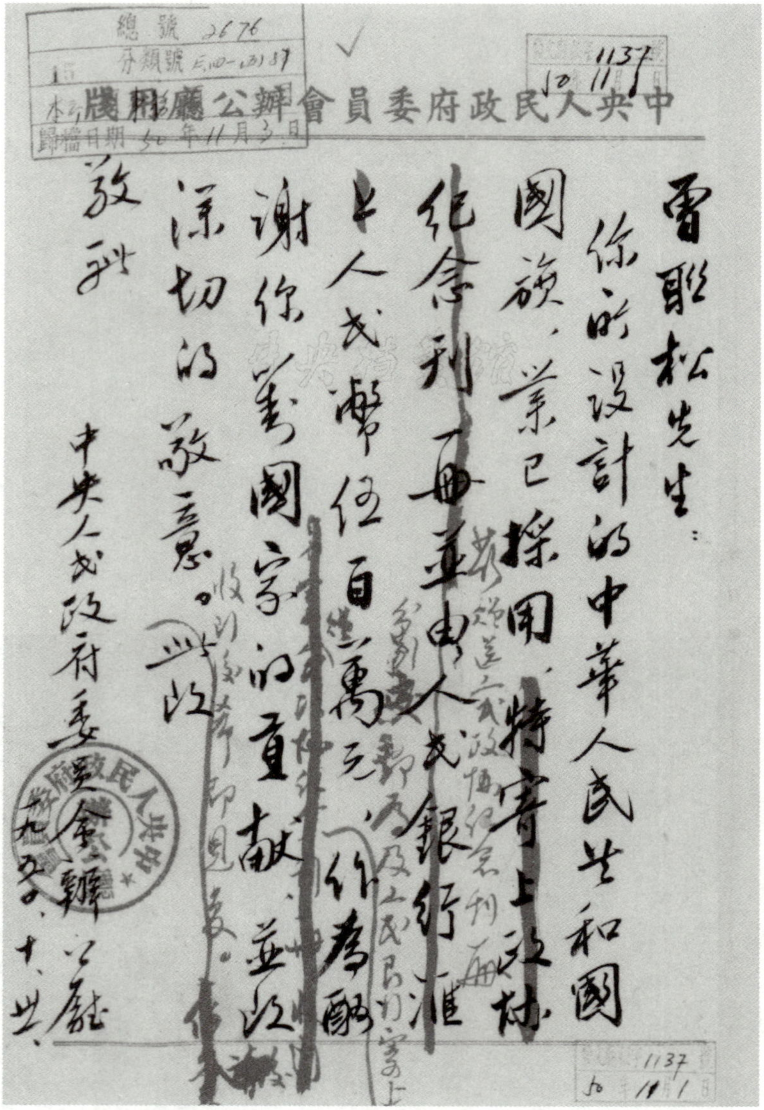

中央人民政府委員會辦公廳用牋

曾聯松先生：

你所設計的中華人民共和國國旗，業已採用，特寄上政協紀念刊一冊，並由人民銀行匯上人民幣伍百萬元，作為酬謝你對國家的貢獻，並致深切的敬意。

此致

敬禮

中央人民政府委員會辦公廳

一九五〇、十、卅

▲中央人民政府办公厅给曾联松的国旗采用告知函

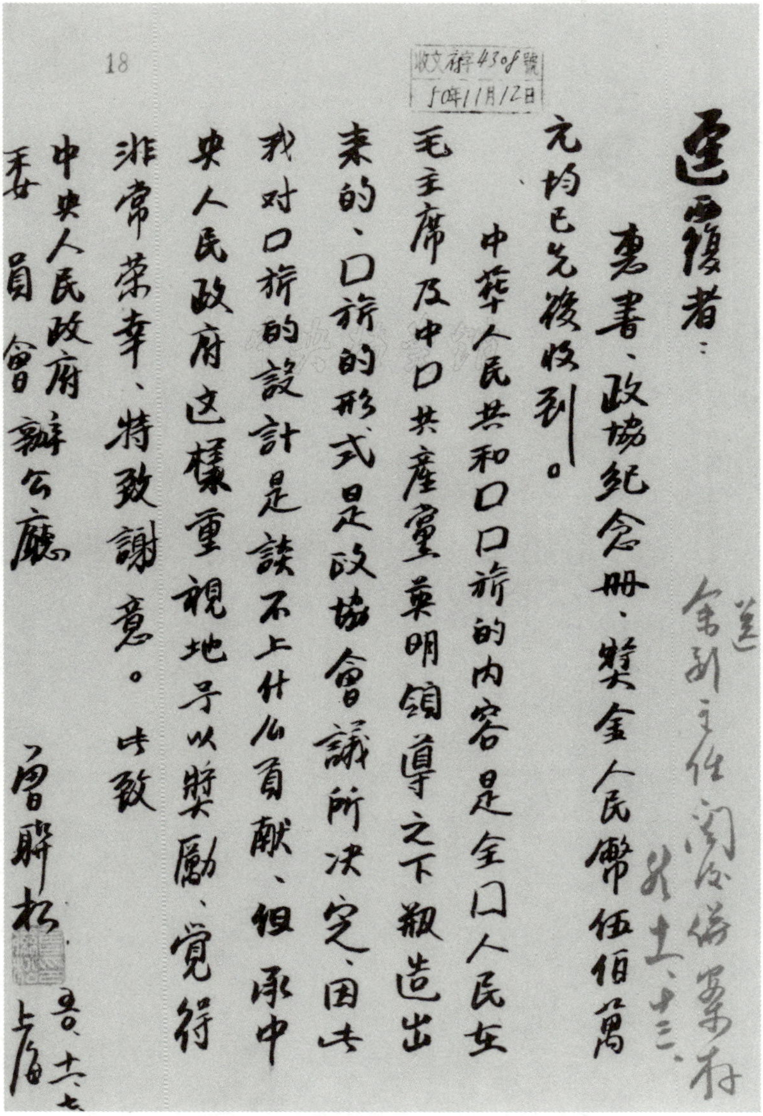

18

收文辦4308號
50年11月12日

逕覆者：

惠書、政協紀念册、奬金人民幣伍佰萬元均已先後收到。

中華人民共和国国旗的內容是全国人民在毛主席及中国共產黨英明領導之下締造出来的，国旗的形式是政協會議所决定，因此我对国旗的設計是談不上什么貢献，但承中央人民政府这樣重視地予以奬勵，覺得非常荣幸，特致謝意。此致

中央人民政府委員會辦公廳

曾聯松 上启

送余副主任阅后备案存

十一、十三

▲曾联松给中央人民政府办公厅的致谢函

四個决議草案

一、中國人民政治協商會議第一屆全體會議決議：中華人民共和國的國都定於北平，並改名北平為北京。

二、中國人民政治協商會議第一屆全體會議決議：中華人民共和國的紀年採用世界公曆。

三、中國人民政治協商會議第一屆全體會議決議：在中華人民共和國的國歌未正式制定前，暫以義勇軍進行曲為國歌。

四、中國人民政治協商會議第一屆全體會議決議：中華人民共和國的國旗為紅地五星旗，紅色象徵革命，五顆黃星象徵中國革命人民大團結。

國旗製法如下：

(一)旗面為紅色長方形，橫直為三與二之比。旗桿套用白色。

(二)由旗面的中心點向上下劃一垂直中線，向左右劃一水平中線，將旗面劃為四個面積相等的長方格。

(三)五顆五角星均為金黃色，位於上方近旗桿之長方格內。

(四)將該長方格上下劃為十等分，左右劃為十五等分。在上下五比五，左右五比十處，定一點為圓心，以三個等分為半徑作一圓，用直線將該圓周的五等分點連成一個五角星，該星的上角頂點在圓心垂直正上方。

(五)四個五角小星的位置用如下方法求得之：

第一個五角小星是在上下二比八，左右十比五處定一點為圓心，以一個等分為半徑作一圓，用直線將該圓周的五等分點連成一個五角星。由大星的中心點至該小星的中心點劃一直線。該小星一個角的尖點必須在這一直線上，使該小星的一個角尖正對着大星的中心點。第二個五角小星的中心點是在上下四比六，左右十二比三的一點上。第三個五角小星的中心點是在上下七比三、左右十二比三的一點上。第四個五角小星的中心點是在上下九比一、左右十比五的一點上。這三個小星的大小作法與第一個五角小星同；各該五角小星中的一角的尖點也用同樣的方法，正對着大星的中心點。

▲政协一届全体会议关于确定中华人民共和国国旗为“红地五星旗”等四个决议草案

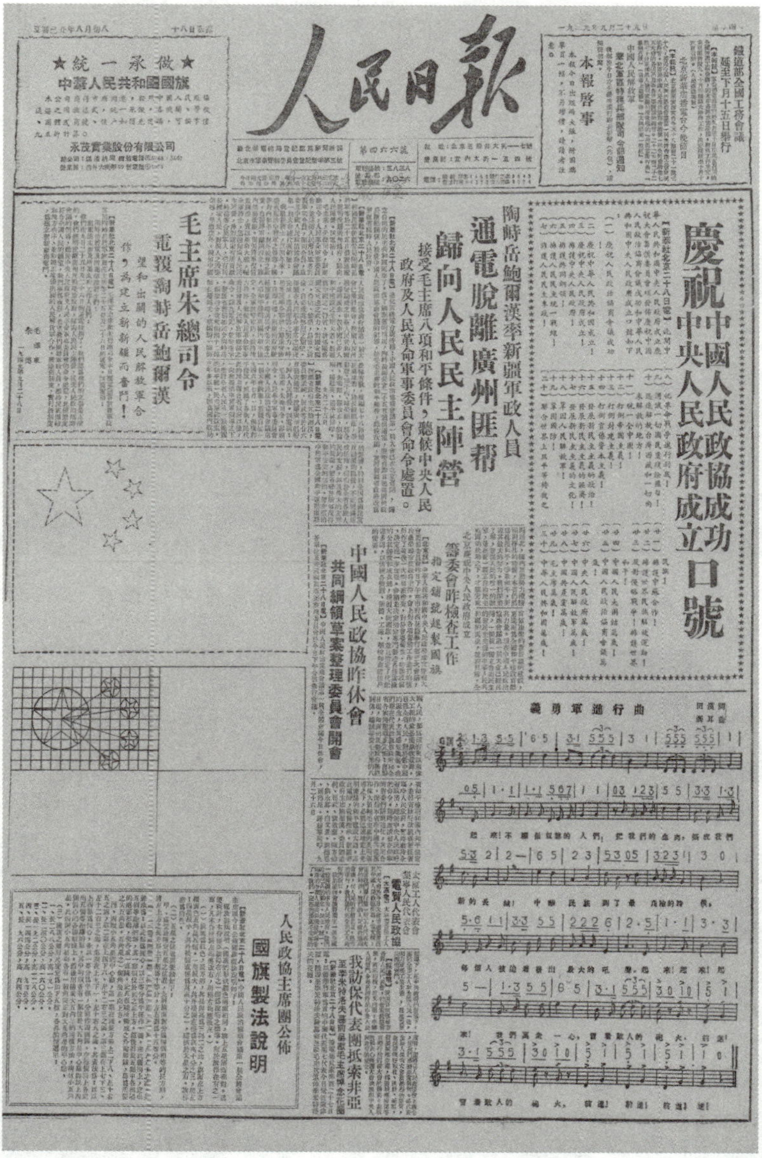

人民日報

★統一承做★
中華人民共和國國旗
永茂實業股份有限公司

鐵道部全國工務會議
延至下月十五日舉行

本報啓事

慶祝中國人民政協成功
中央人民政府成立口號

陶峙岳鮑爾漢率新疆軍政人員
通電脫離廣州匪幫
歸向人民民主陣營
接受毛主席八項和平條件，聽候中央人民政府及人民革命軍事委員會命令處置。

毛主席朱總司令
電復陶峙岳鮑爾漢
望和出關的人民解放軍合作，為建立新新疆而奮鬥！

中國人民政協昨休會
共同綱領草案整理委員會開會

籌委會昨檢查工作
指定趕製國旗

義勇軍進行曲

人民政協主席團公佈
國旗製法說明

我訪保代表團抵索非亞

▲1949年9月29日《人民日报》刊登国旗的图样和制作说明

▲瑞安市四套班子主要领导为国旗教育馆开馆揭幕

▲国旗教育馆开馆当天举行升旗仪式

亮相

国旗教育馆惊艳亮相，即成为一道美丽的风景。它矗立于瑞安市区西山之巅，东南西北四个方向均呈现为五星红旗，每面旗长22.2米、高14.8米，迎风招展。侧耳倾听，仿佛听到五星红旗在山风吹拂下猎猎作响。国旗教育馆设计主题为“天圆地方，天瑞地安；鼎盛中华，红旗飘扬”。馆名“国旗教育馆”5个字，由曾联松手迹拼连而成。

国旗教育馆总建筑面积2637平方米，布展面积1985平方米，设置有序厅、国旗诞生厅、国旗知识厅、国旗荣耀厅、瑞安发展厅、尾厅及附属厅。

国旗

1F 序厅

通过声、光、电结合烘托展馆的恢宏大气，运用中庭超高层高及良好采光，巨幅升旗屏幕于固定时段举行室内升国旗仪式，沉浸于国旗与国歌交相辉映的壮阔空间。

2F 国旗诞生厅

展示国旗的诞生历程，设置国内时局、国旗诞生、国旗设计者曾联松、开国大典等板块内容，介绍国旗的由来及曾联松与国旗之间的不解之缘，让国旗故事深入人心。

2F　国旗知识厅

展示国旗相关知识，设置国旗的制作、国旗的含义、国旗的标准规范、国旗与天安门广场、国旗法等板块内容，引领参观者回到“那时·那人·那事”，感受经典，感悟历史。

3F　国旗荣耀厅

展示国旗代表中国荣耀时刻，设置主权象征、竞技高峰、科技进步、中外建交等板块内容，运用多媒体技术及视觉震撼效果，与参观者共同见证祖国崛起的历史性时刻。

3F 瑞安发展厅

展示新中国成立以来瑞安的经济社会发展，设置瑞安成就、红色记忆、走进温州、红领巾E站、宣誓区等板块内容，展现百万人民奋力谱写中国式现代化瑞安新篇章的精彩历程。

3F 尾厅

展示领导关怀、建馆历程和时光影像，设计互动环节“我与国旗合个影”，激励国人不忘初心、砥砺前行。

-1F　附属厅

设置临展区、视听区和文创区，打造数字化智慧展厅，举办主题展和主题活动，创新展陈方式，丰富和延伸展陈内容，增强教育时效性和主题性。

印记

“今天参观了瑞安国旗教育馆，给我一种很惊艳的感觉，不仅是视觉上的，更是精神上的。视觉上，无论是馆内外的设计都无可挑剔；精神上，国旗教育馆又一次刷新了我对国旗的了解程度……”这是温州大学国旗护卫队一名队员在国旗教育馆留言簿上的一段话。

瑞安市着力挖掘独一无二的红色资源优势，讲好红色故事，传承红色精神，使“国旗文化”深入群众、深入基层、深入人心，努力打造特色鲜明的研学实践基地、党建学教高地、共建共享领地、文艺创作园地和红色文化阵地，迅速有力地提升了国旗教育馆品牌知名度和美誉度。

开馆4年，国旗教育馆一直受到持续关注和热烈追捧，共接待参观者58万多人次、接待3400多个团队，成为远近闻名的红色网红打卡点。

国旗教育馆

党建学教高地

国旗教育馆以独具的特色成为国内知名的党建活动和学习宣讲重要基地。

在国内最大的室内升旗屏幕举行升旗仪式、在庄严肃穆的宣誓厅重温入党誓词、在天安门广场上升挂过的五星红旗前合影留念……独特而奇妙的情景体验所带来的沉浸感、仪式感和参与感，令上千个基层党组织、数十万名参观者如沐春风、如浴阳光，荡涤心灵。创新建设多媒体党建智慧展馆，全景式展示党的百年光辉历程，既打造党建学习教育高地，又便于定期举办主题展，丰富党建内容，有效地引导党员干部汲取党性营养，不忘初心，牢记使命。

国旗教育馆
庆红色百年
承红色基因

▲国旗广场每年十月一日举行国庆升旗仪式

▲2021年6月25日，瑞安市四套班子领导和市民参观百年党史特展

▲“强国复兴有我　致敬时代楷模”劳模工匠系列宣传活动

▲“学党史　读红书”活动

▲“学党史　庆国庆”志愿者火炬接力活动

▲机关部门单位参观国旗教育馆，开展党建活动和党史学习教育主题活动

▲公安干警、入伍新兵参观国旗教育馆，开展党建活动和党史学习教育主题活动

▲部队官兵参观国旗教育馆，开展党建活动和党史学习教育主题活动

学校、幼儿园教师参观国旗教育馆，开展党建活动和党史学习教育主题活动

国有、民营企业党组织和党员参观国旗教育馆，开展党建活动和党史学习教育主题活动

研学实践基地

国旗教育馆作为全国唯一、极具标志性的红色阵地，以强大的磁场和魅力吸引广大学生纷至沓来，体悟国旗所蕴含的爱国初心，涵养家国情怀。通过夏令营、微党课、寻根之旅、主题宣讲等方式，引领青年学生进一　步树立“强国有我、不负韶华”的思想，把青春奋斗融入党和人民的事业；开展观看爱国影片、国旗知识竞赛、手工实践等活动，引导广大未成年人“扣好人生第一粒扣子”，厚植红色基因和爱国意识，确立积极的奋斗目标、价值取向和精神追求，培养和提高正确的道德理想信念。

INTERNET

▲瑞安籍华裔青少年和港澳青年学子参观国旗教育馆，涵养家国情怀

▲温川疆藏四地少先队员参观国旗教育馆

▲温州和新疆拜城学生开展“缅怀先烈·致敬国旗·歌唱祖国”主题教育活动

▲瑞安小学生参加“争当护旗手”活动

▲“Rui少年”红领巾宣讲团开展“薪火相传　未来有我”主题宣讲活动

▲开展“迎亚运　讲文明　树新风”亚运知识宣讲月系列活动

▲开展“绘红色画卷　书盛世华章”传统书画月系列活动

▲开设“弘扬非遗文化　共赴国旗之旅”木活字印刷学习课程

▲开展“踔厉奋发强国防 勇毅前行向复兴”国防教育月系列活动

▲国旗教育馆红领巾讲解员和瑞职学生讲解员

▲开展“游国旗教育馆写爱国心”活动

▲中小学生开展形式多样的国旗文化教育活动

共建共享领地

国旗教育馆主动走出去，将红色教育从馆内延伸到馆外，不断拓宽国旗文化传播空间与领地，实现共建共享，有力地提升展馆的影响力和辐射力。推进与上海国歌展示馆、昆明聂耳纪念馆、长沙田汉文化园等知名红色展馆的共建联动，促进资源共享，形成宣教合力；与温州医科大学、瑞安中学、瑞安市实验小学等10多所学校签订共建协议，馆校项目合作持续深化；送国旗文化进中小学校、文化礼堂、留守儿童基地和商场超市，以国旗知识点亮爱国情怀；利用新媒体技术，与上海、新疆等地及法国、西班牙、意大利等10多个国家和地区的青少年团体连线直播，开启“云”游国旗教育馆之旅，将国旗文化传播到祖国大江南北和世界各地。

瑞安市“国旗文化进校园”
启动仪式

▲走访上海国歌展示馆、长沙田汉文化园，缔结友好展馆

▲与昆明聂耳纪念馆在昆明联合开展“国旗·国歌”美术书法摄影作品展

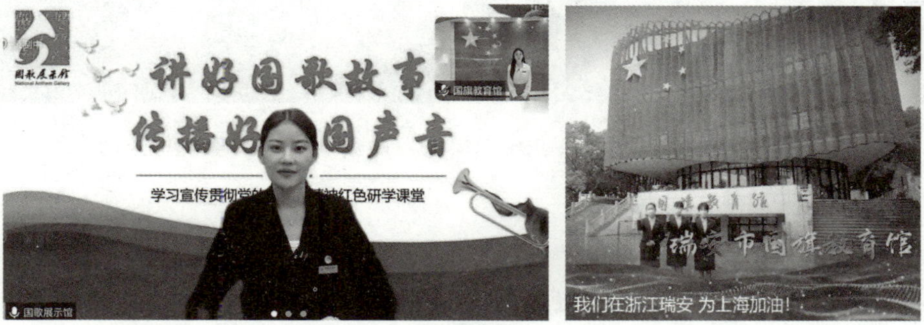

▲与上海国歌展示馆联合开展红色研学课堂、“同心抗疫　上海加油”等活动

▲与国内知名红色展馆开展“同升一面旗　同唱一首歌”活动

▲持续开展国旗文化进校园活动

▲持续开展国旗文化进社区、文化礼堂和留守儿童学习空间等活动

▲开展国旗文化进商超活动

▲居住欧洲各国的瑞安籍华裔、华侨青少年通过网络直播“云游”国旗教育馆

▲与上海、新疆等地联合开展直播，带领当地学生“云游”国旗教育馆

▲温州医科大学思政教育基地授牌仪式

▲瑞安中学研学实践基地揭牌仪式

文艺创作园地

往昔，满腔的爱国激情点燃曾联松先生的创作灵感，诞生了共和国之旗——五星红旗。今朝，国旗独有的文化魅力和精神内涵，既如丰沃园地，“采之不尽，用之不竭”；又如璀璨的星星，闪耀着智慧的光芒，或文思泉涌，或妙手偶得，或兴会神到，激发出无限可能的创作灵感。国内知名作家联袂莅临寻找红色记忆，温州市创作首部原创歌剧《五星红旗》、瑞安市创作首部原创话剧《俯仰两青空——我的五星红旗》、主题歌曲《心中的那面旗》MV登上央视频、《致敬五星红旗》《旗迹》长篇纪实文学出版面世。

▲中共温州市委宣传部、中共瑞安市委宣传部、温州大学共同创作的歌剧《五星红旗》，是温州近60年来首次创排的本土原创歌剧

▲瑞安首次创排大型本土话剧《俯仰两青空——我的五星红旗》，向国旗设计者曾联松先生致敬

▲中共瑞安市委宣传部和瑞安市文广旅体局联合出品、瑞安市文化馆专题创作的《心中的那面旗》歌曲MV在央视频、腾讯视频、人民网、新华社等各大媒体平台上线，为建党百年献礼

▲叶兆言、王祥夫等10余位著名作家莅临国旗教育馆采风创作

▲瑞安作家创作的长篇纪实文学《致敬五星红旗》《旗迹》出版发行

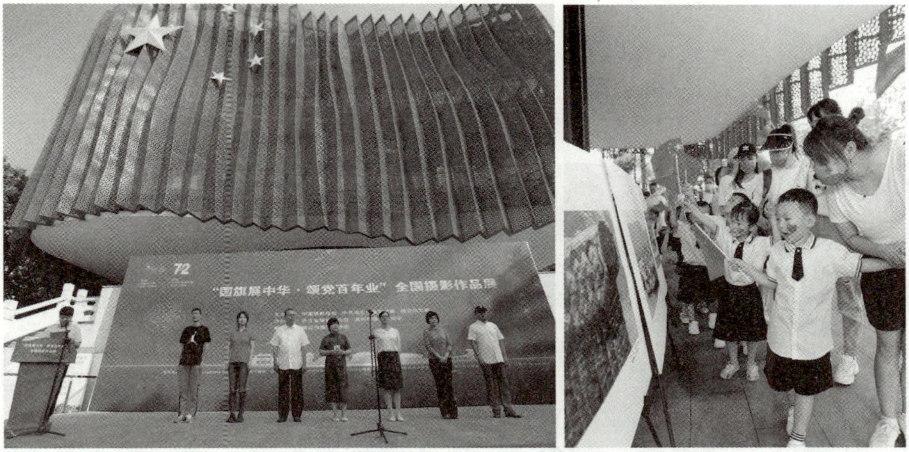

▲中共瑞安市委宣传部、中国摄影报社、浙江省摄影家协会等联办“国旗展中华·颂党百年业”全国摄影作品展

▲原创课本剧《我心中的那面旗》剧照

▲原创舞台剧《两面“五星红旗”》剧照

▲“文艺赋美”打卡国旗教育馆

▲开展“迎国庆　享亚运　强国防”主题文艺会演

红色文化阵地

国旗教育馆以卓尔不群的姿势矗立于西山之巅，风景这边独好。国旗教育馆将以争创省级、国家级爱国主义教育基地为目标，盘活瑞安市烈士陵园、抗美援朝历史教育馆、四贤祠、文昌阁等周边红色资源，改造、提升电影院和剧院功能，呼应瑞安外滩十里长廊和历史文化街区忠义街，连片打造“西山红色文化教育基地群”。回望昨日，遥望明天，“国旗教育”的内涵将不断提升、外延不断拓展，品牌辨识度越来越高。国旗教育馆红色场馆的引领示范作用进一步发挥，红色文化阵地不断延伸拓展。

那一抹国旗红，在阳光下随风飘扬，它永远是世间最美的颜色，点燃我们内心澎湃的爱国情。

▲“西山红色文化教育基地”之西山国旗主题公园

▲“西山红色文化教育基地”之烈士陵园

▲“西山红色文化教育基地”之章安四贤祠

▲计划整改提升或拆除重建西山脚下的瑞安剧院，使之成为宣扬国旗文化和瑞安传统文化的红色舞台

▲优化西山华侨电影院的功能，拓展青少年研学项目，丰富红色教育业态，打造红色产业链

荣光

“今天上午，位于浙江瑞安的国旗教育馆举行开馆仪式，并向公众免费开放，这也是全国首家以国旗为主题的爱国主义教育综合展示馆……”2019年9月28日晚，央视《新闻联播》以单条1分07秒的新闻报道国旗教育馆开馆消息，拉开了全国媒体密集报道国旗教育馆的高光时刻。4年来，中央、省、市各级主流媒体及“学习强国”平台相继报道500篇以上，各主流网媒纷纷转载。

浙江省青少年红色基因传承基地、浙江省法治文化传承教育基地、浙江省双拥模范基地、浙江省巾帼文明岗、浙江省产业工人思想政治教育基地、温州市爱国主义教育基地、温州市党史学习教育基地等30多项荣誉花落国旗教育馆。国旗教育馆吸引着越来越多关注的目光，承载着荣光，肩负着希望。

荣誉集锦

▲“浙江省法治文化传承教育基地”授牌

▲“浙江省省直机关主题党日教育基地”授牌

▲“温州市社会科学普及基地”授牌

▲“港澳青少年爱国教育基地”授牌

长三角市民终身学习体验基地
浙江省市民终身学习体验基地
浙江省党员教育培训基地
浙江省青少年红色基因传承基地
第六批浙江省“文润同心”网络文化家园示范基地
浙江省关心下一代教育基地
省直机关主题党日教育基地
浙江省巾帼文明岗
浙江省产业工人思想政治教育基地
浙江省中小学思政课教师实践教育基地
中共浙江省消防救援总队委员会党史教育基地
第一批浙江省法治文化传承教育基地
温州市爱国主义教育基地
温州市党史学习教育基地
温州市首批新时代文明实践示范基地
温州市双拥教育示范基地
温州市干部教育培训现场教学点
温州市未成年人思想道德建设优秀阵地
温州市民营经济人士理想信念教育基地
温州市民终身学习体验基地
温州市红色旅游教育基地
温州市社会科学普及基地
温州医科大学思想政治教育基地
武警温州支队军民融合文化活动场馆
瑞安市双拥教育示范基地
瑞安市爱国主义教育基地
瑞安市巾帼文明岗
瑞安市双拥共建示范点
瑞安市社会科学普及基地
瑞安市民终身学习体验基地
瑞安市五星红旗主题网络文化家园
瑞安市党外知识分子思想教育基地
港澳青少年爱国教育基地
2023瑞安市城市高质量发展论坛瑞安市城市建设优秀项目

国旗教育馆建馆大事记

2018年12月17日，瑞安市成立国旗教育馆建设筹备工作领导小组，瑞安市委书记陈胜峰任组长，市长麻胜聪任第一副组长；下设办公室，市委常委、宣传部部长叶艳任办公室主任。

2018年12月19日，瑞安市委书记陈胜峰，市委常委、宣传部部长叶艳调研国旗教育馆选点，初步确定于市区西山。

2018年12月25日，温州市人大常委会主任葛益平来瑞调研指导国旗教育馆筹建工作，瑞安市委书记陈胜峰、瑞安市人大常委会主任叶建辉陪同。

2019年1月7日，瑞安市人民政府市长麻胜聪，市委常委、宣传部部长叶艳调研国旗教育馆选址。

2019年2月22日，温州市政协副主席、瑞安市委书记陈胜峰主持召开市委专题会议，研究国旗教育馆建设，会议决定选址于市区西山。麻胜聪、叶建辉、管秀云、王忠宝、张榜桃、施巨耀、邵德鹏、叶艳、池万松等市领导与会。

2019年3月8日，浙江省人民政府副省长、温州市委书记陈伟俊，温州市委常委、宣传部部长胡剑谨，瑞安市委常委、宣传部部长叶艳赴中宣部汇报国旗教育馆建设方案，得到肯定与支持。

2019年4月4日，国旗教育馆正式启动建设。

2019年4月28日，温州市委常委、宣传部部长胡剑谨调研指导国旗教育馆建设，温州市政协副主席、瑞安市委书记陈胜峰，瑞安市委常委、宣传部部长叶艳陪同。

2019年6月14日，温州市政协副主席、瑞安市委书记陈胜峰，瑞安市委常委、宣传部部长叶艳赴京接受天安门地区管委会国旗赠予。

2019年7月23日，国旗教育馆工程项目结顶。

2019年9月2日，温州市政协副主席、瑞安市委书记陈胜峰主持召开市委专题会议，研究通过国旗教育馆展陈内容文案。麻胜聪、叶建辉、管秀云、胡立左、施巨耀、叶艳等市领导与会。

2019年9月28日，国旗教育馆建成开馆。